REINHARDT KRÄTZIG

PAARE IN KRISEN

Navigationshilfe für schwieriges Gelände

Impressum

© 2016 Reinhardt Krätzig

2. überarbeitete Auflage. Die 1. Auflage erschien 2014 unter dem Titel «Streitpaare»

Herstellung und Verlag:

BoD – Books on Demand, Norderstedt

ISBN 978-3-7412-9368-9

Printed in Germany

Lektorat: 1.Auflage, Swantje Steinbrink, Berlin

Titelfoto: «Wanderer mit Rucksäcken», ©mihtiander über depositphotos.com, Nr.: 16260259

Layout: Alerrandre, www.fiverr.com/alerrandre

Für gute Zeiten zu zweit

Zur zweiten Auflage

Dieses Buch war ursprünglich unter dem Titel: «Streitpaare» veröffentlich worden. Unter dieser Überschrift wurde es allerdings kaum von denen gefunden, für die es in erster Linie geschrieben ist: Ganz normale Paare mit ganz normalen Krisen. Denn jedes Paar gerät irgendwann miteinander in Schwierigkeiten. Dabei ist es gleich, ob laute Streitereien entstehen oder nur eine schwere Stille ins Miteinander einzieht. Konflikte und Krisen gehören einfach zum Miteinander dazu.

Wie man an der seit Jahren zunehmenden Tendenz zum schnellen Partnerwechsel erkennen kann, kommen immer weniger Paare mit ihren Krisen klar. Schnell werden die Probleme als: «doch der falsche Partner» übersetzt und schon geht es auf die Suche nach «dem Richtigen», den man dann auch bald findet … und wenig später steckt man in ähnlichen Schwierigkeiten. Dieses Buch möchte Ihnen dabei helfen, eine glückliche Beziehung zu führen. Die Probleme im Miteinander sind ein guter Ausgangspunkt, um viel über sich selbst und den Partner zu erfahren und dieses Wissen zudem zur Verbesserung der Beziehung zu nutzen.

REINHARDT KRÄTZIG

PAARE IN KRISEN

Navigationshilfe für schwieriges Gelände

INHALTSVERZEICHNIS

WARUM DIESES BUCH? 11

TEIL 1 - ICH-ANTEILE

Zustände innerer Beschränkung 19
Das »Steuerkind« 23

Kleiner Theorie-Exkurs 25
Teilpersönlichkeiten 25
Ego-State-Therapie 27
Definition: Ich-Zustand 28
Ich-Zustände wirken zusammen 30
Begriffsklärung: »kleiner« oder »junger« Anteil 33
Was ist ein erwachsener Anteil? 33
Ich-Anteil und Rolle 35

So entstehen kleine Anteile 37
... als Folge von Belastung 37
Kleine Begleiter – ein Leben lang 41
Ein kleiner Anteil zerstört beinahe eine junge Familie 42
Zurückgeworfen ins kindliche Leiden 43

Die Auslöser 46
Ursache »technisches« Versagen 46
Ursache realer Mangel 48
Häufige Themen kleiner Anteile 49
Gefühle im Körper unterbrechen 54
Gefühle durch Denkprozesse bändigen 56
Flucht in Traumwelten 58
Sich ablenken 59

Lebensthema 61
Der Mangel definiert das Ziel 61
Scheinlösungen 62
Lob statt Liebe 63
In der Falle 64

Das Lebensthema lauert überall 66
Die eigene Geschichte als Herausforderung 67
Ein neuer Blick auf sich selbst 68

TEIL 2 - ICH-ANTEILE IN DER PAARBEZIEHUNG

Wie Partner zueinander finden 70

Liebe als Wegweiser 70
Irrtum Harmonie 74
Liebe als Resonanzphänomen 75
Nachfolger der Ursprungsfamilie 76
Die Beziehungsregeln verändern sich 77

Die kleinen Anteile beherrschen die Partnerschaft 81
Groß(patchwork)familie 81
Vergebliches Bemühen 83
Kleine Anteile in der Beziehung – Fallbeispiele 84

TEIL 3 - VOM UMGANG MIT DEN KLEINEN

Drei wertvolle Regeln 100
Selbstverantwortung 102

Die eigenen kleinen Anteile 104
Vier Schritte zum eigenen kleinen Anteil 104
Schritt 1: Etwas über kleine Anteile wissen 105
Schritt 2: Den eigenen kleinen Anteil erkennen 105
Schritt 3: Den kleinen Anteil annehmen 112
Schritt 4: Dem kleinen Anteil geben, was er braucht 113
Gebrauchsanleitungen vermitteln 116
Nicht nur auf den Partner blicken 117
Das eigene erwachsene Ich ist die wichtigste Instanz 119

Wie man aus einem kleinen Anteil herauskommt 122
1. »Merke!« -Notiz 123
2. Freundin anrufen 123
3. Den Partner / die Partnerin zum Helfer machen. 125
4. Vorsorge treffen 126

Der Partner: seine Grenzen, seine Impulse 129
Der Partner als Anregung für neue Lösungen 129
Eine gute Erinnerung nutzen 131

Die kleinen Anteile des Partners 132
Ein Mindestmaß an Akzeptanz finden 132
Zentrale Aufgabe: Distanz! 133
Drei Konfliktkonstellationen 134

Gemeinsam erarbeiten, was zu tun ist 140
Die Wünsche erfragen 140
Beispiele für Ergebnisse solcher Gespräche: 141
Im Ernstfall: Erproben, was geht 142

SCHLUSS - DIE ZENTRALEN AUSSAGEN

Szenen geteilten Glücks - Lösungen 148

ANHANG 1 - AUSGEWÄHLTE PROBLEME

Problem Eifersucht 152
Problem: Trennen oder nicht trennen? 154
Problem: Fremdgehen 155
Problem: Sexualität 158

ANHANG 2 - PAARTHERAPIE

Vorbereitung 162
Erste Sitzung: Die Macht der Kleinen 163
Beispiel für das Befragen eines kleinen Anteils 164

Einen erwachsenen Anteil hervorlocken 168

Das Konzept in Kurzfassung für die Therapiesitzung 174

Den kleinen Anteil anerkennen 178
... bei »Kontrollmenschen« 178
... bei »Unsicherheitsmenschen« 179
Die Grenzen der Klienten wahren 180
»Der andere ist schuld!« 181

Die eigene Schwäche annehmen 182
Mitgefühl für den kleinen Anteil 183

Wenn zwei kleine Anteile beteiligt sind 187

Vorteile einer Paartherapie mit Ich-Anteilen 191

Abbildungsverzeichnis und Literatur 196

Sie haben keine Zeit für viele Worte, sondern wollen schnell erfahren um was es geht? Dann versuchen Sie eine Abkürzung. Wenn Sie noch keinen Zugang zur Thematik haben, empfehle ich Ihnen mit dem unmittelbar folgenden Abschnitt »Warum dieses Buch« zu beginnen und dann noch die ersten Seiten von Teil 1 – Ich-Anteile zu lesen.

Verschaffen Sie sich danach im Teil 2 einen Eindruck darüber, wie sich Ich-Anteile in der Zweierbeziehung zeigen und auswirken.

Wollen Sie eigene Ich-Anteile kennenlernen, nehmen Sie sich den Teil 3 vor. Den Zugang zu den eigenen Ich-Anteilen bekommen Sie im Abschnitt: »Die eigenen kleinen Anteile« ab Seite 103, der Blick auf die des Partners fängt an unter der Überschrift: »Die kleinen Anteile des Partners« ab Seite 131.

Die Zusammenfassung auf Seite 143 zeigt »Die zentralen Aussagen« dieses Buches auf wenigen Seiten.

WARUM DIESES BUCH?

Beim Schreiben dieses Buches war ich in Gedanken immer wieder bei den Paaren, die ich in meiner psychotherapeutischen Praxis erlebt hatte. Viele hatten beim ersten Gespräch schon etliche Krisen hinter sich. Manches konnten sie klären, aber weil vieles ungelöst blieb, fragten sie sich, ob sie überhaupt zusammenpassen. Sie schauen verzweifelt und manchmal auch irritiert auf ihre Zweiergemeinschaft, die von negativen Geschehnissen erschüttert ist. Manche haben noch Zugang zu dem Positiven, das sie zusammengeführt hat oder das sie sich in den vergangenen Jahren erarbeitet haben. Bei anderen ist das Verbindende schon weitgehend unter dem Schutt zerstörerischer Begegnungen begraben. Eine Paartherapie ist für viele der »letzte Versuch«.

Dabei geschehen die meisten Konflikte und Missklänge, weil unbewusste Aspekte der Beteiligten negativ aufeinander reagieren. Nur wenn diese unbewusst bleiben kann man nichts ändern und das Paar dreht sich in endlosen Kreisen um dieselben Probleme. Die verborgenen Hintergründe des Miteinanders sind aber relativ einfach zu erschließen und dann auch zu beeinflussen. Krisen können so zu Ansatzpunkten für ein völlig neues Verständnis der eigenen Beziehung werden. Ich bin überzeugt, dass diese Gemeinschaft letztlich der persönlichen und gemeinsamen Entfaltung dient.

Als Mann, der selber in einer Paarbeziehung lebt und auch davor schon entsprechende Erfahrungen sammeln durfte, sind mir die Lasten einer Paarbeziehung nicht fremd. Tatsächlich waren meine eigenen Erfahrungen als Teil eines Paares letztlich auch der Ausgangspunkt für dieses Buch ...

Wie so viele aus meiner Profession war ich zu Beginn meiner beruflichen Tätigkeit als Psychotherapeut davon überzeugt, ich sei dank meiner Ausbildung vor den »Niederungen des Paarlebens« geschützt. Entsprechend verwundert und manchmal auch entsetzt musste ich mit ansehen, wie sehr ich mich, als in Psychotherapie geschulter Mann, immer wieder rettungslos mit meiner Nächsten verstrickte. In den Therapiesitzungen, in denen ich selber als Klient saß, brauchte ich einige Zeit, um meine Rolle in diesem wiederkehrenden Geschehen zu betrachten und zu verstehen. Dabei fand ich es vor allem schwierig, Zugang zu jenem Teil meiner Person zu bekommen, der sich regelmäßig in fruchtlose Auseinandersetzungen begab. Gemäß der Überzeugung »Wenn du etwas lernen willst - studiere es, wenn du etwas wissen willst - lies darüber, wenn du etwas meistern willst - unterrichte es!«[1] begann ich, mit Paaren zu arbeiten.

Das, was meine Klienten da vor mir, in immer neuen Varianten ausbreiteten, war mir selbst meist wohlbekannt. Um diesen Menschen - und letztlich auch mir selbst - helfen zu können, suchte ich nach Worten und Bildern, mit denen diese Vorgänge begreifbar würden. Inzwischen ist ein leicht vermittelbares, gut verständliches Gedankenmodell entstanden, das die Zusammenhänge anschaulich macht, aber vor allem eine nützliche Orientierung beim Umgang mit Problemen im Paaralltag liefert.

Bei mir selbst wie bei anderen konnte ich beobachten, dass in den fruchtlosen Streitsituationen stets ein spezifisches Verhaltensmuster hervortrat. Die emotionale Empfindlichkeit war deutlich herauf- und die Fähigkeit, in rationale Distanz zum Geschehen zu gehen, herabgesetzt. Plötzlich waren da Gefühle und Reaktionen, die außerhalb dieser »Konfliktzonen« nicht auftraten. Um diese Diskrepanzen einordnen zu können, bot sich die Vorstellung an, eine Person als die Summe ihrer Teilpersonen zu verstehen. Das deckte sich auch mit meinen eigenen Erfahrungen, denn in solchen Ausnahmesituationen kam es mir – zumindest rückblickend- immer wieder so vor, als wäre ich anders, würde anders denken, anders wahrnehmen, anders empfinden, anders reden und mich auch anders bewegen. Das war zwar immer noch »Ich«, aber eben eine andere Ecke von mir.

Die Idee, eine Person als eine Gruppe von mehreren Teilpersonen zu betrachten, war mir schon aus der psychotherapeutischen

---

1 Dieses Zitat ist auf etlichen Webseiten diverser Yogaschulen zu finden und wird Yogi Bhajan zugeschrieben.

Ausbildung bekannt: In der Gestalttherapie war/ist es üblich, verschiedene Teile einer Person auf Stühle zu setzen und dann, durch fleißiges Hinundherswitchen von Stuhl zu Stuhl, ein Gespräch zwischen diesen Teilen herzustellen. Auch in der Hypnotherapie ist die Arbeit mit verschiedenen Aspekten einer Person eher die Regel als die Ausnahme.

Die Verwendung dieses Modells von Teilpersönlichkeiten erlebten viele meiner Klienten als Erleichterung. Vielleicht weil das Zwingende und die scheinbare Unausweichlichkeit des Ablaufs mancher Paarkonflikte für die meisten Menschen etwas sehr Belastendes und bisweilen sehr Irritierendes hat. Doch betrachtet man die eigene Person als eine Gruppe von Teilpersönlichkeiten, dann ist auch der »Störer« nur ein Teil der eigenen Person. »Ich« muss mich also nicht als Ganzes in Frage stellen; schließlich gibt es ja auch andere Teile, die für den Partner so attraktiv sind, dass dieser mit einem eine Beziehung führt. Es ist nur eine »lockere Schraube«, die Probleme macht und um die man sich – gegebenenfalls mit Psychotherapie - kümmern muss. Das Problem wird überschau- und dadurch hoffentlich beherrschbar.

Die Arbeit mit Teilpersönlichkeiten birgt zudem die Möglichkeit, dass all das, was ein Paar an positiven Erfahrungen miteinander gemacht hat, weiterhin Bestand haben darf, während in anderen Bereichen Probleme und Dissonanzen existieren. Die guten Erfahrungen gehören zu den einen Teilpersönlichkeiten, die negativen Erfahrungen zu gänzlich anderen Teilpersönlichkeiten. In der Therapiesitzung können die Konfliktpartner an die guten Aspekte des Miteinanders erinnert werden, was mindestens für einen Moment befriedend wirkt und bestenfalls die Bereitschaft stärkt, sich den Problemen zu stellen statt sofort alles hinzuwerfen.

***

Im Geschehen selbst merkt der Betroffene nichts von Teilpersonen. Er spürt lediglich einen Wechsel der eigenen Stimmung. Irgendetwas, das eben gesagt wurde oder passiert ist, hat die eigene Person betroffen – und nun ist man sauer, beleidigt, verletzt oder

… Obwohl kurz zuvor noch alles okay zu sein schien. Von einem wahrnehmbaren Wechsel in einen anderen Persönlichkeitsanteil keine Spur. Man fühlt sich noch als man selbst, jetzt allerdings entsprechend belastet. Erst in der Rückschau lässt sich erkennen, dass das nicht einfach nur ein Stimmungswechsel war. Hier war mehr passiert. Man hatte sich zu Worten oder Handlungen hinreißen lassen, die einem nun vielleicht sogar peinlich sind. Anders ausgedrückt: Wäre ich nicht so betroffen gewesen, hätte ich ganz anders reagiert, vielleicht wäre das ganze Geschehen völlig unproblematisch gewesen …

Stattdessen aber war es zum Streit mit dem besonders nahestehenden Menschen gekommen. Man hatte diesen vielleicht sogar beleidigt, Dinge gesagt, die man sonst nie sagen, vielleicht sogar nicht mal denken würde. Erst rückblickend wird klar: Da gab es etwas Fremdes im eigenen Ich. Eine Seite der eigenen Person, die sich ab und zu zeigt, doch erst aus der Distanz irritierend wirkt.

***

Es stellt sich die Frage, warum diese Teilpersönlichkeiten überhaupt existieren und was sie antreibt, in unserem Erwachsenenalltag herumzuspuken. Aus meinen Erfahrungen etlicher eigener Paarkonflikte lernte ich, dass ich meine Lebenswelt in diesen Momenten anders wahrnahm als sonst. Ich hatte plötzlich keinen Zugang mehr zu den guten Aspekten meines Lebens, insbesondere nicht zu jenen in meiner Beziehung. Vieles, was ich sonst als liebenswert und Kraft gebend erlebte, erschien mir jetzt in einem negativen Licht. Als würde ich meine Welt durch eine gefärbte Brille sehen. Eine Brille, die außerdem vieles, was mir sonst präsent und hilfreich war, ausklammerte. Eine gefärbte Filterbrille, die man sich selbst in der entsprechenden Situation aufsetzt, ohne es zu bemerken.

Bei genauerer Betrachtung wurde mir jedoch schon bald klar, woher ich die Welt kannte, die ich durch die Filterbrille sah. Es war die Erlebenswelt meiner Kindheit. Da waren zwar weiterhin meine Gegenwart samt den Personen und Situationen um mich herum, aber durch meine Filterbrille erlebte ich alles wie damals in der Kindheit: Was ich als Kind an Verlassenheitsgefühlen erlitten hatte, hatte nun meine Partnerin verursacht. Und so ausweglos wie mein Ringen um Veränderung erschien mir mein Bemühen auch jetzt.

Bei meinen Klienten finden sich die gleichen Mechanismen. Auch hier sind Handeln und Erleben in den Konfliktsituationen wesentlich durch Kindheitserlebnisse der Beteiligten gefärbt, ohne dass das den Personen selbst ansatzweise bewusst ist. Die meisten sind davon überzeugt, vollkommen im Hier und Jetzt zu sein und sich angemessen (!) mit ganz realen Gegenwartsproblemen herumzuschlagen.

Weil wir es also mit Teilpersönlichkeiten zu tun haben, die innerlich in Kindheitserleben gefangen sind, bezeichne ich diese im Folgenden als kleine (Ich-)Anteile oder kleine Ich-Zustände. In der Therapiesituation deute ich mit der Hand in der Höhe zwischen 80 und 120 cm über dem Boden auf die ungefähre Größe dieses kleinen Anteils. Entsprechend spreche ich auch von einer anderen Teilpersönlichkeit als großer oder erwachsener Anteil. Darunter verstehe ich den Persönlichkeitsaspekt, der auch Zugang zu dem positiven Potenzial der Gegenwart hat: der im Hier und Jetzt verankerte Erwachsene.

***

Im ersten Abschnitt gehe ich vertieft darauf ein, wie sich diese kleinen Anteile im Laufe der Kindheit bilden und welche Bedeutung und Aufgaben sie für die Personen im weiteren Lauf ihres Lebens haben. Deshalb hier nur in aller Kürze: Diese kleinen Anteile sind vor allem damit beschäftigt zu verhindern, dass sich unangenehme Erfahrungen aus der Kindheit wiederholen. Da sich diese Anteile auch in den Eheproblemen und -konflikten der Gegenwart zeigen, muss man sich jedoch nicht zwangsläufig an die eigene Kindheit erinnern, um damit arbeiten zu können. Denn an dem Verhalten, an den Worten und dem Erleben in solchen Situationen lässt sich mit wenig Übung ablesen, was den kleinen Anteil jeweils antreibt, ob er Anerkennung sucht, ob er Angst davor hat, verlassen zu werden, ob er sich überfordert oder bevormundet fühlt ... Die individuelle Not ist sehr vielfältig – und nie banal. Meist geht es um den eigenen Wert, seinen Platz auf der Welt, das eigene Recht auf Leben, Glück oder Selbstbestimmung.

Wird nun auch der kleine Anteil des an dem Paarkonflikt beteiligten Partners herausgearbeitet, zeigt sich in der Regel, dass beide Partner sehr ähnliche Kindheitslasten mit sich herumschleppen. Hat der eine ein Problem mit Verlassenheit, hat es auch der andere. Manchmal wird dies nicht sofort deutlich, weil der Umgang mit dem Problem sehr verschieden sein kann. Dann lohnt es sich, tiefer zu schauen. Für die Partner selbst ist diese Erkenntnis meist überraschend. Denn angesichts der erlebten Unterschiede und aktuellen Auseinandersetzungen ist ihnen vor allem das Trennende bewusst. Viele ahnten nicht, wie ähnlich sie sich in ihrer Grundnot sind. Das Erkennen dieser Ähnlichkeit in zentralen Lebensthemen verändert den Blick aufeinander. Im günstigsten Fall münden Zorn und Vorwürfe in Nachdenklichkeit. Dadurch wird es für das Paar auch leichter, wieder einen Bezug zu den positiven Verbindungen in ihrer Beziehung zu bekommen.

Das Paar erscheint folglich als Solidargemeinschaft aus zwei Menschen, die sich auf ihrer Suche nach Lösungen für ein ähnliches Problem zusammengetan haben. Insofern ist es das elementare Ziel meines Ansatzes, die Solidarität füreinander und das Bewusstsein für das Gemeinsame zu stärken. Aus meiner Sicht ist jedes Paar eine Wachstumsgemeinschaft. Sobald beide Partner das verstanden haben, werden die Probleme weniger als Störungen denn als Ansatzpunkte für das individuelle und gemeinsame Wachstum gesehen.

Das Buch wurde für die praktische Verwendung im Paaralltag geschrieben. Ich will Paaren ermöglichen, anders mit den Konflikten in ihrer Beziehung umzugehen. Sie sollen in die Lage versetzt werden, viele (vergebliche) Streitereien gar nicht erst führen zu müssen und jede Reibung in ihrer Beziehung, die alltäglichen Probleme als Herausforderung und Aufgabe für das Wir zu verstehen und ihnen entsprechend zu begegnen. Es geht also darum, das tägliche Miteinander einfacher zu gestalten, weniger oft aneinanderzugeraten und anders mit möglichen Konflikten umzugehen, um dann leichter wieder zusammenzufinden.

***

In Gesprächen mit Kollegen wurde deutlich, dass der hier vorgestellte Ansatz auch für andere Paartherapeuten interessant ist, zum einen weil er leicht zu vermitteln ist, zum anderen weil er vergleichsweise schnell zu konkreten Aufgabenstellungen führt. Der Anhang2 wurde daher insbesondere für psychotherapeutische Kollegen verfasst, obgleich er auch für Klienten, die über eine Paartherapie nach dem »Teile-Modell« nachdenken, hilfreich sein dürfte.

***

Aus Gründen der besseren Lesbarkeit beschränke ich mich meist auf die männliche Form. Sofern nicht eigens erwähnt, sind jedoch stets Frauen und Männer gemeint.

Die Intensität und Großartigkeit der ersten Liebeswochen sind ein Geschenk. Hier können zwei miteinander erleben, zu was sie gemeinsam fähig sind.

Wollen sie dasselbe auch in Zukunft leben, müssen sie es sich erarbeiten.

Die vor dem Paar auftauchenden Steine (Probleme) weisen den Weg zu diesem Ziel.

PAARE IN KRISEN

TEIL 1

ICH-ANTEILE

Zustände innerer Beschränkung

Jeder Einzelne von uns hat großartige Fähigkeiten und könnte folglich viele Aufgaben des Lebens ganz allein bewältigen. Tun sich aber zwei Menschen als Paar zusammen, entsteht eine Gemeinschaft mit einem besonderen Potenzial an Möglichkeiten: Die Lebenserfahrungen und Fähigkeiten, das Können und Wissen von zwei Erwachsenen fließen hier zusammen. Allerdings tauchen auch Probleme auf, die ein Einzelner kaum hat. Bisweilen scheinen die beiden Menschen einfach zu komplex und zu verschieden, um problemlos miteinander leben zu können. Und wenn die zusammenfügende Kraft der Hormone beginnt nachzulassen, taucht die Frage auf, ob die Wahl nicht doch auf den falschen Partner bzw. die falsche Partnerin gefallen ist.

Paare, die sich für eine Paartherapie entscheiden, haben gerade wenig Zugang zu dem großartigen Potenzial ihrer Beziehung. Sie leiden stattdessen unter den permanenten Auseinandersetzungen, sie erleben das Miteinander als belastend und kommen auf ihrer Suche nach Lösungen nicht weiter. Oft geht der Kampf schon seit Wochen oder Monaten, manchmal schon seit Jahren. Es dominieren Streit und schlechte Gefühle. Das Miteinander erscheint eher als Beschränkungs- denn als Entfaltungsgemeinschaft. Manchmal ist nur einer der beiden Partner betroffen, oft aber beide: Beide erleben ihre gemeinsame Zeit als negativ und sind in engem Kontakt mit eigenem Leiden, Mangel und/oder eigener Not.

SZENE I

Sie: (beim Geschirrabwaschen) »Wieso bringst du eigentlich nie den Müll runter?«

Er: »Ich bin doch eben erst von der Arbeit gekommen.«

Sie: »Immer hast du eine Ausrede. Alles muss ich allein machen, nie bist du für mich da ...«

Er: »Aber ich hatte doch schon gesagt, dass ich morgen zusammen mit dir aufräumen werde.«

Sie: »Morgen, morgen, immer nur morgen. Nie jetzt ...«

Und so weiter und so fort. Wer von uns kennt solche Konfliktsituationen in einer Partnerschaft nicht? Für den einen fühlt es sich gerade so an, als wäre der andere auf einen sehr eingeschränkten Aspekt des Lebens fixiert. Dabei leidend, anklagend und überhaupt nicht offen für die eigenen Argumente ...

SZENE II

Er: (abends im Bett, rückt in eindeutiger Absicht näher an sie heran)

Sie: »Nein, ich fühle mich nicht wohl, ich mag jetzt nicht.«

Er: (genervtes Seufzen)

Sie: »Was hast du denn? Wieso bist du gleich wieder beleidigt, ich habe doch gesagt, dass ich mich nicht wohl fühle. Das richtet sich doch nicht gegen dich.«

Er: »Heute fühlst du dich nicht wohl, morgen hast du Kopfschmerzen, übermorgen deine Tage. Danach keine Lust. Nein, das hat natürlich ü b e r h a u p t nichts mit mir zu tun.«

Sie: »Komm, nun beruhige dich mal wieder.«

Er: »Ich soll mich beruhigen? Ich wüsste ein Mittel, um mich zu beruhigen, aber das interessiert dich ja nicht. Es interessiert anscheinend überhaupt niemanden, was ich will.«

ZUSTÄNDE INNERER BESCHRÄNKUNG

Auch hier ist ein Partner in seiner Sicht der Dinge festgefahren und dabei nicht offen für irgendwelche Argumente oder gar Sichtweisen der anderen Seite. Alles Reden führt zu keiner Beruhigung, sondern eher zur Eskalation: Im ersten Beispiel wirft sie ihm vielleicht einen Teller vor die Füße; im zweiten zieht er mit seiner Bettdecke auf die Couch. Schlimmstenfalls verliert auch der zweite Partner seine ruhige Distanz – und es kommt zu einem heftigen Streit.

***

Bei genauerer Betrachtung wird klar, dass beide Szenen einen Vorlauf haben. Vermutlich hat die Frau in Szene I schon seit längerem vergeblich versucht, ihren Partner zur Mithilfe im Haushalt zu bewegen. Und der Mann in Szene II hat offensichtlich schon mehrfach erlebt, dass seine Annäherungsversuche gescheitert sind.

Beide Szenen machen aber auch deutlich, dass es in dem Moment nur einen eingeschränkten Bezug zur Realität gibt: Der Abwaschenden ist es inzwischen vollkommen egal, dass er eben erst die Wohnung betreten hat; und der Mann im Bett ist für die Befindlichkeit seiner Frau überhaupt nicht zugänglich. Der Frau in Szene I geht es wie dem Mann in Szene 2: Beide sind in ihrem Erleben gefangen, fühlen sich persönlich nicht beachtet, und die Auseinandersetzung, die sie gerade führen, hat etwas Ausweisloses. Was zudem auffällt: Das Timing für die Auseinandersetzung ist in beiden Fällen schlecht. Der Mann, der gerade von der Arbeit nach Hause kommt, wird sich wahrscheinlich nicht sofort den Mülleimer schnappen und voller Verständnis nach unten bringen. Und die Frau, die sich nicht wohlfühlt, wird kaum plötzlich Lust auf Sex haben.

In der Paartherapie kommen solche vordergründig banalen Situationen recht häufig vor. Durch Nachfragen lässt sich relativ einfach herausbekommen, um was es bei der Auseinandersetzung wirklich geht.

Die Frau, die gerade abwäscht, möchte, dass ihr Partner versteht, wie wichtig ihr hausfraulicher Arbeitsbeitrag ist. Sie will Wertschätzung und Aufmerksamkeit. Sie will nicht immer die zweite Position in der leistungsorientierten Paarhierarchie innehaben.

In Szene II geht es dem Mann vordergründig um Sex, dahinter geht es aber in diesem Fall auch um die Würdigung seiner Arbeitsleistung. Er will ebenfalls gesehen werden und braucht die körperliche Gegenleistung seiner Partnerin als nonverbale Bestätigung seines Beitrags für die Familie. Da diese Bestätigung aus seiner Sicht schon zu lange ausbleibt, ist er entsprechend beleidigt und sauer.

Das Verhalten in beiden Beispielen ist offensichtlich nicht sehr zielführend. Vielmehr besteht die Gefahr, dass ein heftiger Streit entflammt – und das wichtige Ziel, Anerkennung für die eigene Person und Leistung zu bekommen, in weite Ferne rückt. Wieso aber reagieren denn zwei erwachsene Menschen mit solchen wenig dienlichen Hilfsmitteln?

***

Bisweilen erinnern diese Beispiele an das Verhalten einer ganz anderen Klientel, die eine psychotherapeutische Praxis aufsuchen: Angstpatienten. Hat ein Mensch zum Beispiel Angst davor, Fahrstuhl zu fahren, wird er diesen nicht benutzen, auch wenn sein Ziel im zehnten Stockwerk liegt. Vernünftigen Argumenten gegenüber ist diese Person in dem Moment überhaupt nicht offen. Ähnlich unflexibel wie die Protagonisten in den beiden obigen Szenen wird auch der Ängstliche auf seiner Überzeugung beharren, der Fahrstuhl sei ein gefährlicher Ort. Jedes wie auch immer geartete Argument wird einfach weggewischt. Die eigene (von anderen als eingeschränkt erlebte) Sicht auf die Realität setzt sich rigoros durch – auch wenn das eigentliche Ziel, zum Beispiel das zehnte Stockwerk, deshalb nicht erreicht werden kann.

Ebenso wenig ist ein Depressiver durch einen Hinweis auf die ihn umgebende Schönheit aufzuheitern oder der Zwanghafte von der Sinnlosigkeit seines zwanghaften Tuns zu überzeugen. »Du brauchst nicht noch einmal hineinzugehen, um den Herd zu überprüfen«, ist ein Satz, der vielleicht gehört, aber von dem Zwanghaften nie befolgt werden wird. Denn ist der Gedanke erst einmal da, dass der Herd womöglich noch nicht ausgeschaltet wurde, gibt es für den zwanghaft Misstrauischen keinen Ausweg mehr. Er bleibt der einmal in Gang gesetzten inneren Logik treu und wird frühestens dann wieder offen für andere Dinge dieser Welt sein, wenn er den Herd überprüft hat.

Bei all diesen Beispielen ist der Blickwinkel so sehr auf einen begrenzten Focus eingestellt, dass für die Wahrnehmungen und Gedanken anderer Menschen kein Raum bleibt ... Derartige persönliche »Ausnahmezustände« sind die Ursache unendlich vieler Paarstreitereien. Dann muss der jeweils andere Partner ein großes Maß an Gelassenheit und innerer Ruhe aufbringen, um nicht sofort auf das angebotene Verhalten einzusteigen und selber »an die Decke zu gehen«.

Das »Steuerkind«

In einem Zustand innerer Beschränkung verhält sich die betroffene Person anders als sonst, sie sieht und empfindet anders und scheint auch anders zu denken. So, als wäre jetzt innerlich ein anderer Mensch am Steuer. Insofern scheitert dann auch jeder Versuch, einen »normalen« Kontakt herzustellen, denn dieser andere Teil hat kaum Zugang zu den Erfahrungen des normalen Alltags bzw. zu den Möglichkeiten erwachsenen Handelns; er agiert unflexibel und uneinsichtig. Irgendein Auslöser hat die Person in die Erlebenswelt der eigenen Kindheit eintauchen lassen. Zwar werden die Gegenwart und die dazugehörigen Personen noch wahrgenommen, doch ist nun alles so gefiltert, dass es wie einst als Kind erlebt wird. Es findet eine Realitätsverschiebung statt. In diesen Momenten ist der Mensch keineswegs fremdbestimmt, sondern mittendrin in diesem anderen Erleben. Alles, was gerade abläuft, wird von einer anderen Warte aus betrachtet. Wahrnehmung, Denken, Empfinden und Handeln unterliegen jetzt anderen Regeln und Bewertungsmustern. Es ist, als würde der Mensch plötzlich durch eine gefärbte Brille auf die Welt schauen: Manches ist nicht mehr zu sehen, anderes tritt besonders hervor. Nur, dass der Mensch nichts von der Brille auf seiner Nase weiß. Er ist davon überzeugt, nach wie vor dieselbe Realität wahrzunehmen. Wenn Sie jetzt versuchen würden, Ihrem Gegenüber beizubringen, dass er die Welt gerade verfremdet sieht, würde er Ihnen nicht glauben - schließlich wurde der Müll ja tatsächlich immer noch nicht runtergebracht ... Die tiefergehende Veränderung des eigenen Erlebens ist für die betreffende Person zwar auch wahrnehmbar, wird aber als vollkommen stimmig und passend erlebt. Spricht die Person allerdings rückblickend über ihr Erleben in jenem Moment, ist sie von der Angemessenheit des Erlebens, Denkens und Handelns nicht mehr so uneingeschränkt überzeugt. Vielmehr erkennt sie, dass sie in einer besonderen Gemütsverfassung war, die nicht ihrem Normalzustand entspricht ...

Im nächsten Abschnitt gehe ich etwas näher auf den theoretischen Hintergrund ein, kläre was ein Ich-Zustand ist, was ein kleiner und was ein erwachsener Ich-Anteil. Wen das weniger interessiert mag schnell durchblättern zur Seite 37, zum Abschnitt: »So entstehen kleine Anteile«.

Kleiner Theorie-Exkurs

Teilpersönlichkeiten

Ich arbeite mit der Vorstellung, dass jede Person auch als Gruppe von Teilpersönlichkeiten beschrieben werden kann. Vermittele ich dieses Modell jemandem, der gerade – dabei vielleicht den Kopf schüttelnd - auf sein Erleben beim letzten Ehestreit zurückschaut, entsteht schon nach wenigen erklärenden Worten ein Konsens darüber, dass der jetzige Normalzustand von einer ganz anderen Teilpersönlichkeit gelebt wird, als es in jenem Streitzustand der Fall war. Auch die Bezeichnung als kleiner Anteil wird gerne akzeptiert.

Lassen Sie mich noch vorwegschicken, dass es sich bei den »Teilpersönlichkeiten« lediglich um eine Metapher handelt, die sich als nützlich erwiesen hat, um damit komplexe Prozesse im Menschen leichter erfassen und beschreiben zu können. Jochen Peichl sagt über Persönlichkeitsanteile, die er in seinem Ansatz als Ich-Zustände bezeichnet, dass diese lediglich »theoretische Konstrukte über die Funktionsweise unseres Gehirns darstellen«. Sie sind »eine Beschreibung der Funktion und der Organisationsstruktur des Ichs oder Selbst« und als solche »nicht subjektiv erfahrbar.«[2]

Bei jedem Menschen lassen sich somit etliche verschiedene Persönlichkeitsanteile – also verschiedene Erlebens-, Denk- und Verhaltensmuster – ausmachen. Das hat nichts mit Schizophrenie oder multipler Persönlichkeit zu tun. Bei diesen Krankheitsbildern wird zwar auch von Persönlichkeitsanteilen gesprochen, diese sind aber kein »integraler« Bestandteil der Person, sondern von dieser mitunter komplett abgespalten.

In der psychotherapeutischen Tradition wird seit langem mit der Idee gearbeitet, verschiedene Aspekte einer Person getrennt voneinander zu betrachten. So arbeitet schon Sigmund Freuds Modell vom Ich, Es und Über-Ich mit einer Unterteilung der komplexen menschlichen Persönlichkeit. Und Eric Berne, der gemeinsam mit

---
2 Peichl, J. (2012), S. 109.

Thomas A. Harris in den 1960er Jahren die Transaktionsanalyse als psychotherapeutisches Verfahren entwickelte, unterschied drei Ich-Zustände: Eltern-Ich, Erwachsenen-Ich und Kind-Ich.[3] Friedemann Schulz von Thun wiederum arbeitet mit dem Modell eines inneren Teams mit dem übergeordneten »Ich« als Teamleiter.[4]

Vermutlich ist Ihnen auch schon mal der Begriff »inneres Kind« begegnet. In diesem drückt sich die Vorstellung aus, das »innere Kind« existiere als unabhängiger Teil in der Person und müsse entsprechend angesprochen und behandelt werden. Auf dem Konzept, des inneren Kindes beruhen viele psychotherapeutische Ansätze[5], unabhängig voneinander und aufeinander aufbauend, etwa seit den 1990er Jahren. Im Kern haben wir es hier mit zwei Anteilen der Person zu tun. Dem inneren Kind und einem erwachsenen Anteil, der die Aufgabe bekommt, dieses innere Kind wahrzunehmen, anzunehmen und in die Person zu integrieren. Die verschiedenen Ansätze formulieren das für sich aber jeweils anders und fügen je nach Betrachtungsweise andere Komponenten oder Aspekte hinzu. Therapieansätze, die ein Teile-Modell der Psyche in ihren Konzepten nutzen, zählt zum Beispiel Jochen Peichl auf.[6] Aus dieser Liste möchte ich hier lediglich die Gestalttherapie und die Ego-States-Therapie anführen.

Ich selbst bin mit den Modellannahmen von Teilpersönlichkeiten in der Gestalttherapie bzw. einem Nachfolgeansatz, der Integrativen Therapie[7], in Berührung gekommen. Dabei waren der »heiße Stuhl« und der »innere Stellvertreter« ebenfalls Ansätze mit verschiedenen Anteilen einer Person.

---

3 Berne, E. (1995), S. 337.
4 Schulz von Thun, F. (1998).
5 Schematherapie, Psychodynamisch Imaginative Traumatherapie (PITT), Katathym-Imaginative Psychotherapie, Hakomi-Methode (ein körperpsychotherapeutischer Ansatz), Systemische Therapie (unvollständige Aufzählung, www.wikipedia.org/Inneres Kind).
6 Peichl, J. (2012), S. 26.
7 Die Integrative Therapie ist ein Psychotherapieverfahren, das von Hilari-on G. Petzold, Johanna Sieper und Mitarbeitern in den 1960er Jahren entwickelt wurde. Es wird in der Europäischen Akademie EAG/FPI als Therapieverfahren gelehrt.

KLEINER THEORIE-EXKURS

Ein grundlegendes Anliegen aller Ansätze, die mit einem Teile-Modell arbeiten, ist es, einen verstehbaren und handhabbaren Zugang zu dem komplexen Geschehen innerer Prozesse zu bieten. Auch Laien soll damit die Möglichkeit gegeben werden tiefenpsychologische Erkenntnisse in gewissem Maße für sich selbst zu nutzen. Auch wenn die komplexe Verschränkung von unbewusster und bewusster Psychodynamik damit oft nur ansatzweise erfasst werden kann, rechtfertigt der praktische Nutzen diese Vereinfachungen. Auf die Ego-States-Therapie möchte ich im Folgenden etwas näher eingehen, da ich ein ähnliches Grundverständnis habe und entsprechend ähnliche Begriffe in meiner Arbeit.

Ego-State-Therapie

Die Ego-State-Therapie (ego, lat.: ich: state, engl.: Zustand) ist ein jüngerer psychotherapeutischer Ansatz, dessen Grundlagen um 1980 von den US-Amerikanern John und Helen Watkins, zwei Pionieren der Hypnotherapie, entwickelt wurden. Sie griffen dabei ein Energiemodell von Paul Federn, einem Schüler Sigmund Freuds auf, das von verschiedenen Ego-States (Ich-Zuständen) innerhalb des Egos ausging. Die Ego-State-Therapie gewinnt aktuell insbesondere dank ihres Zugangs zu traumatherapeutischen Problemen wieder viele Interessenten. In Berlin wurde kürzlich das *Institut für klinische Hypnose & Ego-State-Therapie* gegründet. In der Ego-State-Therapie werden die verschiedenen Anteile der Person als Ich-Zustände beschrieben. Bisweilen ist auch von Ich-Anteilen die Rede. Dabei sind mehr als 6 Ich-Zustände eher die Regel als die Ausnahme. Ziel der Arbeit mit diesem Ansatz ist es, die Kooperation zwischen den verschiedenen Persönlichkeitsanteilen zu verbessern. Dahinter steht die Erfahrung, dass seelische Probleme entstehen, wenn diese innere Kooperation gestört ist.

Definition: Ich-Zustand

Auf der Suche nach einer passenden Definition könnte man

tief in die Theorie einsteigen, was ich aber vermeiden möchte. Ich beschränke mich daher auf mein Verständnis davon. Für unsere Fragestellung brauchen wir nicht mehr. Unter dem Ich (oder Ego) verstehe ich: «die von jedem Menschen selbst empfundene und als persönliche Einheit erlebte Summe aller geistigen und körperlichen Vorgänge». Das was man als Ich benennt hängt also mit dem zusammen, was man erlebt und empfindet. Zum Erleben und Empfinden braucht man ein Bewusstsein. Insofern könnte man auch sagen, dass das Ich davon bestimmt ist, was die Person bewusst von ihren geistigen und körperlichen Vorgängen wahrnimmt. Im Zustand des Schlafes oder der Bewusstlosigkeit verschwindet das Ich also, weil das Bewusstsein »ausgeschaltet« ist.

Da sich geistige und körperliche Vorgänge zudem ständig ändern, ist das Ich auch in einem permanenten Veränderungsprozess. Dennoch durchläuft eine Person in diesem Fluss der Veränderung immer wieder sehr ähnlich erlebte Bewusstseinszustände. Dadurch fühlt sich das eigene Ich als gleichbleibend an. Auch wenn es tatsächlich beständig fließt wird es subjektiv als eine konstante Größe erlebt.

Der Begriff Ego-State (Ich-Zustand) legt nahe, dass mit jedem Ich-Zustand ein anderes Erleben der eigenen Person verbunden ist. Ein Ich-Zustand ist also eine Momentaufnahme, ein bestimmter Ausschnitt aus der unendlichen Erlebensvielfalt eines Menschen. Ich-Zustände reihen sich wie Kettenglieder aneinander. In jedem Ich-Zustand ist das Ich der betrachteten Person in diesem Moment in einer spezifischen Weise »gefärbt«. Im nächsten Moment kann es sich in einem anderen Zustand befinden. So betrachtet, durchläuft ein Mensch eine große Zahl an Ich-Zuständen. Wir benutzen den Begriff aber nur zur Bezeichnung von spezifischen Erlebensweisen, die sich häufig im Leben wiederholen. Die Zahl von Ich-Zuständen einer Person reduziert sich so auf sechs bis dreißig, je nach zugrunde gelegten Unterscheidungskriterien. Im vorliegenden Ansatz arbeite ich mit maximal drei Ich-Zuständen.

KLEINER THEORIE-EXKURS

Claire Frederick beantwortete die Frage, was ein Ich-Zustand sei, folgendermaßen: »Jeder Ich- Zustand besitzt seine eigenen, relativ überdauernden Affekte, Körperempfindungen, Erinnerungen, Phantasien und Verhaltensweisen, und er hat auch seine eigenen Wünsche, Träume und Bedürfnisse.«[8] Und ich ergänze: Jeder Ich-Zustand hat auch seine eigene Weise der Wahrnehmung. Oben verwendete ich das Bild der gefärbten Brille, durch die der Mensch für einen Moment einen vollkommen anderen (visuellen und in der Folge auch emotionalen) Zugang zur Welt bekommt. Doch damit gehen auch die Veränderung des Denkens und Empfindens sowie ein gänzlich anderes Selbstverständnis einher. Dazu ein Beispiel:

SZENE III

Stefan und Susanne sind ein Paar und bummeln über einen Jahrmarkt. Sie lachen viel, beide sind entspannt. Doch plötzlich wird Stefan angespannt, unruhig und schlecht gelaunt. Er hat keine Lust mehr auf Jahrmarkt, findet alles blöd dort, will nur noch weg. Der weitere Verlauf des Abends wird von Stefans Spannung bestimmt, bis er und Susanne aneinandergeraten ...

Im Rückspiegel ergibt sich folgende Erklärung: Stefan hatte bemerkt, wie interessiert ein anderer Mann »seine« Susanne angeschaut hatte – und den Eindruck, Susanne hätte den Blick erwidert. Diese hatte den Mann allerdings nicht mal bemerkt, sondern offensichtlich ganz zufällig in dessen Richtung geschaut. Bis dahin war Stefan noch in einem Ich-Zustand gewesen, in dem er die Situation als sicher, friedlich, wohltuend erlebt hatte. Er spürte, dass es eine gute Idee gewesen war, auf den Jahrmarkt zu gehen, und freute sich schon sehr auf den weiteren Abend mit Susanne. Im nächsten Moment aber waren sein Fühlen und sein Denken komplett anderer Natur. Ausgelöst dadurch, dass sein Blick auf diesen anderen Mann gefallen war. Jetzt fühlte er sich angespannt, bedroht: Seine Gedanken drehten sich nur noch darum, dass er Susanne verlieren könnte – er spürte Angst, aber auch Zorn darüber, dass Susanne ihm das antat. In diesem Zustand konnte er

---

8 Frederick, C. (2007).

Susanne nicht darauf ansprechen, um zu klären, inwiefern seine Wahrnehmung richtig war ...

Auch Susanne war zunächst sehr gut gelaunt. Bis sie plötzlich damit konfrontiert wurde, dass Stefan »so anders drauf war«. Anfangs versuchte sie noch, es an sich abperlen zu lassen, doch irgendwann fühlte sie sich ungerecht behandelt und wurde ihrerseits wütend auf ihn. Sie war verunsichert, in ihrem Vertrauen in Stefan und die Beziehung erschüttert, hatte Angst vor Trennung und war traurig über den Verlauf des Tages.

Bei Stefan war der Auslöser für den Wechsel seines Ich-Zustandes seine Wahrnehmung des anderen Mannes. Bei Susanne wurde der Wechsel durch Stefans Veränderung verursacht. Der jeweilige Zustandswechsel erfolgte ohne bewussten Entschluss, sondern wie von alleine, nur aufgrund der Situation.

Ich-Zustände wirken zusammen

In diesem Beispiel wird deutlich, dass es einen fließenden Übergang von einem Ich-Zustand in einen anderen gibt. Der innere Wechsel geschieht, weil sich ein anderer Teilaspekt für die gerade herrschenden Belange zuständig fühlt. Für die neue Situation sieht er sich besser geeignet und übernimmt ab sofort die innere Führung.

Claire Frederick meint, dass Ich-Zustände in ähnlicher Beziehung zueinander stehen wie Familienmitglieder[9]. Und Jochen Peichl nimmt an, dass jeder Ich-Zustand eine Funktion hat und eine konstruktive Aufgabe erfüllt, was er in dem Satz zusammenfasst: »Jeder Teil ist gekommen, um zu helfen.«[10] Oberstes Ziel dabei: die Situation für die jeweilige Person möglichst optimal zu gestalten – wobei der jeweilige Bezugspunkt die eigenen Lebenserfahrungen sind.

Das Beispiel mit Stefan und Susanne zeigt, dass zwischen dem, was ein Ich-Zustand als »optimal für die eigene Person« erlebt,

---

9 Vgl. Frederick, C. (2007).
10 Peichl, J. (2012), S. 73 f.

und dem, was die Person *bewusst* anstrebt, eine breite Kluft sein kann. Ich-Zustände unterliegen spezifischen Gesetzmäßigkeiten und können, obwohl sie »aus ihrer Sicht« eine Optimierung der Situation anstreben, sehr viel Schaden damit anrichten.

Dennoch: Jeder Ich-Zustand will helfen, und die verschiedenen Ich-Zustände arbeiten in der Regel zusammen. Das Miteinander - eigentlich ein nacheinander - der Ich-Zustände funktioniert im wahrsten Sinne des Wortes reibungslos: Der Übergang von einem Ich-Zustand in einen anderen bleibt von der betroffenen Person meist unbemerkt. Für andere ist dieser Wechsel aber durchaus zu bemerken, denn der Wechsel in einen anderen Ich-Zustand zeigt sich in geringfügiger Änderung von Körperhaltung, Mimik, Gestik, Tonlage und Stimmung.

Die verschiedenen Ich-Zustände bleiben einem selbst zwar oft verborgen, sind aber in der Regel bewusstseinsfähig (im Gegensatz zu abgespaltenen Ego-States bei schweren psychischen Erkrankungen) und beeinflussbar. Man kann auf den Teil einwirken, der die innere Führung gerade hat und man kann auch dafür sorgen, dass ein anderer in den Vordergrund kommt. Dass und wie man selbst auf seine innere Führung einwirken kann, ist ebenfalls Gegenstand dieses Buches.

Ich-Zustände und dazu gehörige Verhaltensmuster bleiben vermutlich lebenslang erhalten.

Wie kommt es, dass sich eine Teilpersönlichkeit so intensiv auf längst Vergangenes bezieht? Die Erklärung liegt darin, dass sich viele unserer Ich-Zustände (Teilpersönlichkeiten) während unserer Kindheit herausbilden.

Ein kleiner Persönlichkeitsanteil entsteht demnach, wenn ein Kind einen Weg gefunden hat, mit einer schwierigen Situation zurechtzukommen. Wie das im Detail geschieht sehen wir uns weiter unten noch genauer an. In der Folge setzen sich vor allem jene Bewältigungsmuster durch, die in der damaligen Situation erfolgreich waren, die dabei geholfen haben, Leid zu vermeiden oder etwas zu bekommen, wovon ansonsten zu wenig vorhanden war, oder dabei, etwas Unabwendbares auszuhalten. Diese Muster werden immer dann angewendet, wenn das aktuelle Geschehen ähnlich wie einst erlebt wird. Das spart Energie und zeigt manchmal auch gute Ergebnisse. Nur bisweilen sind diese Muster unpassend oder sogar destruktiv, zum Beispiel in einem Ehestreit. Ein wesentlicher Grund dafür ist, dass die Gegenwartsbedingungen in der Regel ganz anders als damals in der Kindheit sind, auch wenn es sich für den betreffenden Menschen ähnlich anfühlt. Andere Personen sind um ihn herum, und auch die Abhängigkeitsverhältnisse sind andere. Zudem hat der Erwachsene andere kognitive und soziale Fähigkeiten sowie Lebenserfahrungen. Dennoch ist der kleine Anteil der Auffassung, sein Lösungsweg sei in diesem Moment der sicherste und beste. Das zentrale Problem: Es fehlt an innerer Kooperation. Offenbar haben die großen, erwachsenen Anteile und die kleinen Anteile einander zu wenig im Blick ...

Das Ziel: innere Kooperation aller Ich-Zustände

Bei vielen therapeutischen Ansätzen, die mit einem Teile-Konzept arbeiten, ist es erklärte Absicht, die innere Kooperation zu verbessern, entweder zu einem ausgewählten Teil (z. B. inneres Kind) oder zwischen den Teilen insgesamt. Dahinter steht die Annahme, dass sich seelische Probleme vor allem dort entwickeln, wo diese innere Kooperation gestört ist. Auch bei dem hier vorliegenden Ansatz geht es darum, die innere Kooperation zu verbessern: Persönlichkeitsanteile, die destruktiv auf die Beziehung wirken, sollen entdeckt und schließlich innerlich »an die Hand genommen werden«. Es geht also darum, Verantwortung für das Agieren der eigenen Person zu übernehmen. Diese kann allerdings erst gefordert werden, wenn die betreffende Person weiß, was genau in ihr abläuft. Das heißt: Kommt in einem therapeutischen Paargespräch heraus, dass ein eigener kleiner Anteil wesentlich dazu beiträgt, die Ehe zur Hölle zu machen, dann hat es wenig Sinn, einfach zu sagen: »Das ist eben so! Was kann ich dafür, dass ich der geworden bin, der ich bin? Erwachsen zu sein bedeutet nämlich auch, Verantwortung zu übernehmen. Selbstverständlich sind Eltern verantwortlich für das, was in der Kindheit ihrer Tochter / ihres Sohnes geschieht, doch was der erwachsene Sprössling später daraus macht, liegt ausschließlich in dessen eigener Verantwortung.

Begriffsklärung: »kleiner« oder »junger« Anteil

Ich bezeichne die kleinen bzw. großen Persönlichkeitsanteile ungern als »junge« bzw. »alte« Anteile, weil dies leicht zu Missverständnissen führt. Denn so ein »kleiner« Anteil ist schließlich deutlich älter als der «erwachsene», sprich «große» Anteil. Er gehört schon länger zur Person als der erst viel später hinzu gekommene erwachsene Anteil. Die Bezeichnung klein und groß ist weniger missverständlich. Wenn ich meinen Klienten gegenüber von einem kleinen Anteil spreche, verbinde ich dies mit der Schilderung eines kleinen Kindes, zeige z. B. oft mit der Hand auf die Höhe, die das kleine Kind damals hatte, als sich der kleine Anteil ausbildete.

Ich verwende die Begriffe Ego-State, Ich-Anteil, Ich-Zustand und Teilpersönlichkeit gleich. Die Bezeichnung kleiner Anteil, kleine Teilperson und kleiner Ich-Zustand bedeuten hier ebenfalls das Gleiche. Ich verwende sie, um zu unterstreichen, dass diese Ich-Anteile in der Kindheit gebildet wurden.

Was ist ein erwachsener Anteil?

Ein Ego-State wird als Ergebnis einer Anpassung an eine spezifische Situation verstanden. Demnach sind Ego-States stets auf die Vergangenheit (meist die Kindheit) bezogen. Dennoch kann die Bildung eines neuen Ego-State ein Leben lang geschehen. Übernimmt dieser State nun die Führung, rutscht die Person in die entsprechende Vergangenheit hinein. Dieser Logik zufolge gibt es also keinen Ego-State, der in der Gegenwart verankert ist, es sei denn, er entsteht in eben diesem Moment. Da ich in meiner Arbeit jedoch immer wieder den Bezug zu jenem Teil der Person brauche, der die Gegenwart als Ausgangspunkt für sein Wahrnehmen, Denken, Fühlen und Handeln hat, spreche ich dennoch von dem erwachsenen resp. großen Anteil oder Ich-Zustand. Ich definiere den erwachsenen Anteil als jenen Teil der Person, der am meisten Bezug zur gegebenen (vs. wahrgenommenen) Realität herstellen kann und sich entsprechend verhält.

Kleine Teile gehen davon aus, dass die jetzige Realität ähnlich ist wie die der Kindheit. Sie schauen durch einen Filter auf die Gegenwart; und dieser versorgt sie mit allen Details, Beweisen und Fakten, die sie in ihrer Auffassung unterstützen. Im Beziehungsstreit ist es für ihn vollkommen klar, dass der Partner sich gerade feindselig, eiskalt oder unfair verhält. Dieser Kleine ist nicht offen für die Tatsache, dass der Partner auch partnerschaftlich, liebevoll oder geduldig ist. Ein erwachsener Anteil hingegen ist in der Lage, die positiven Gegebenheiten und Möglichkeiten des Paares zu erkennen. Er begreift, dass sein Gegenüber ein Lebensbegleiter ist, der am selben Strang zieht und für beide das Beste will. Ein erwachsener Anteil ist deshalb auch in der Lage, von sich selbst so weit zurückzutreten, dass er den eigenen kleinen Anteil, dessen Not und Handeln versteht. Damit ist er die zentrale Instanz, um die Dissonanzen innerhalb der eigenen Person zu befrieden. Nur er kann dazu beitragen, die Not der eigenen kleinen Anteile zu mindern, und so dafür sorgen, dass sie nicht so oft die Führung übernehmen. Der erwachsene/große Anteil ist es auch, der dafür zuständig ist, mit den kleinen Anteilen des Partners wertschätzend umzugehen.

Ganz einfach ist es nicht, einen erwachsenen Anteil bei sich selbst zu erkennen. Denn auch wenn ein kleiner Anteil gerade die Führung übernommen hat und aus einem Kindheitsmuster heraus agiert, nimmt sich die Person selbst als erwachsene Person wahr. Nutzen Sie als Maßstab Ihre aktuelle Einstellung und Ihre Gefühle gegenüber ihrem Streitgegner. Einen erwachsenen Anteil kann man mit ziemlicher Sicherheit daran erkennen, dass er in der Lage ist, freundlich und bezogen mit dem Partner umzugehen, ganz gleich was gerade das Thema ist. Trotz aktueller Probleme kann er an das Liebevolle der Partnerschaft anknüpfen. Mehr dazu im Teil 3.

Ich-Anteil und Rolle

Ich möchte noch kurz auf den Unterschied zwischen einem Ich-Anteil und einer Rolle eingehen. Wer den Unterschied kennt, versteht auch, wie dominant kleine Persönlichkeitsanteile sein können.

Die meisten Menschen zeigen in verschiedenen gesellschaftlichen Bereichen jeweils andere Aspekte von sich, schlüpfen je nach Situation in verschiedene Rollen. So verhält sich ein Vater gegenüber seinem Kind in der Regel anders als seiner Chefin gegenüber, ebenso wie der Postbote eine andere Seite von ihm sieht als sein Bruder. Wir spielen überall eine bestimmte Rolle, greifen auf unsere unterschiedlichen Fähigkeiten zu, um das jeweils Optimale aus der jeweiligen Situation zu machen.

Eine Rolle lernt man meist ohne große persönliche Not. Entsprechend entspannt lassen sich die Effekte eines Verhaltens erproben. Manches geschieht bewusst, das meiste sicher unbewusst wie von ganz allein. Doch jede Rolle ist gewissermaßen angelernt und steht im Bruchteil einer Sekunde zur Verfügung. Haben Sie schon mal dem Briefträger freundlich »Guten Tag« gesagt und im selben Atemzug streng das Kind zurechtgewiesen? Das geht. Wenn wir uns etwas konzentrieren, können wir unsere Rollen auch bewusst austauschen und dem Kollegen plötzlich wie dem Briefträger oder wie der Chefin begegnen – wenngleich dieser sicher erst mal irritiert wäre, weil Ihre Rolle nicht der Erwartung entspricht. Fazit: Im Hinblick auf unsere Rollen haben wir von Anfang an eine Freiheit, die wir im Bereich unserer Ich-Anteile so nicht haben. Denn ein kleiner Persönlichkeitsanteil ist im Gegensatz zu einer Rolle überhaupt nicht flexibel in seinem Verhalten, sondern auf eine Schiene festgelegt. Er zeichnet sich dadurch aus, dass er seine ganz eigene Art hat, die Welt zu sehen, zu hören, zu verstehen und sich darin zu verhalten, zu sprechen, zu handeln.

Unser jeweiliges *Rollen*verhalten ist uns zwar nicht immer bewusst, wir könnten es uns aber schnell bewusst machen und eine gewisse Distanz zu der Rolle einnehmen. Die Persönlichkeitsanteile hingegen sind den meisten Menschen nicht bewusst, und es fällt anfangs schwer, den nötigen Abstand zu gewinnen. Somit können wir zunächst kaum auf unsere kleinen Anteile einwirken. Das muss erst gelernt und trainiert werden. Ego-States und Rollen ist allerdings gemein, dass beide auf Verhaltensmuster zurückgreifen. Dazu gehören eine bestimmte Art zu denken, die Umgebung und sich selbst wahrzunehmen, sich zu bewegen ebenso wie eine bestimmte Weise zu kommunizieren, verbal und nonverbal, sowie die spezifische Art, sich selbst zu fühlen, ein Gefühl zur Umgebung, zu den anderen Menschen und zur Welt. Der entscheidende Unterschied zwischen Ego-State und Rolle ist der, dass derselbe Schauspieler bei einem Rollenwechsel einfach in einem anderen Kostüm auftritt. Natürlich wird er sich dabei anders fühlen und verhalten, aber er bliebe doch dieselbe Person. Bei einem Wechsel des Ego-State jedoch spielt ein anderer Schauspieler aus dem inneren Ensemble. Er versucht zwar angemessen auf die aktuelle Situation zu reagieren, nimmt dabei aber seinen Text und seine innere Haltung aus einem ganz anderen Stück.

Anders ausgedrückt: Verändert ein Mensch lediglich die Rolle, die er gerade spielt, dann bleibt er in demselben Realitätsbezug wie vorher. Ein kleiner Ich-Zustand ist dagegen nicht in der Gegenwart verankert, sondern in seinem spezifischen (kindlichen) Erfahrungshintergrund.

So entstehen kleine Anteile

... als Folge von Belastung

Hinter der folgenden Abbildung 1 steht die Geschichte eines Klienten, mit dem ich einige Zeit gearbeitet habe: Er wird im Alter von knapp fünf Jahren (Im Bild: Zeitbereich A...B) mit der Geburt eines jüngeren Geschwisters konfrontiert. Die elterliche Zuwendung verändert sich, was von dem Älteren als Mangel erlebt wird. Die Eltern umsorgen das Geschwisterchen, während er selbst mit »Du bist doch schon groß« vertröstet wird. Seine Bedürfnisse kommen zu kurz. Nach einer Weile mit vielen erfolglosen Experimenten wie Bettnässen, Milch nur noch aus dem Fläschchen trinken und Verweigerung der Sprachentwicklung entdeckt der kleine Junge, wie er auf andere Weise die elterliche Zuwendung bekommt: als Beschützer des Geschwisterkinds. Das wird von den Eltern mit Anerkennung und Zuwendung honoriert. Er nimmt die Zuschreibung »Du bist doch schon groß« an und beginnt, sie auszufüllen. Das Mittel ist also Verzicht auf die unmittelbare Erfüllung des ursprünglichen Bedürfnisses. Stattdessen übernimmt er Verantwortung, um so die gewünschte Aufmerksamkeit zu erlangen. Der erste kleine Anteil beruhte somit auf der Frustration, die mit der Geburt des Geschwisterkindes einherging, und ist spezialisiert auf den Umgang mit Konkurrenzsituationen. Er übernimmt aber auch die innere Führung, wenn es um emotionale Mangelgefühle oder Vernachlässigung geht sowie im Zusammenhang mit emotionaler Überforderung.

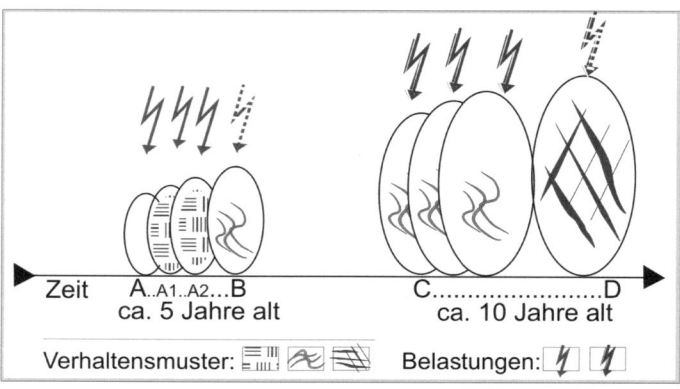

Abbildung 1, Ich-Anteile entstehen als Folge von Belastungen, Grafik: R. Krätzig

Legende:

Jede Ellipse stellt dieselbe Person zu einem anderen Zeitpunkt dar. Die Ellipsen werden größer, weil die Person wächst.

A: Eine schwierige Situation beginnt. Der Pfeil steht für die empfundene Belastung.

A1 und A2: Erfolglose Bemühungen um mehr Zuwendung mit Hilfe von Bettnässen, Rückfall in Babysprache et cetera.

B: Eine Lösung wird gefunden. Die geschwungenen Linien stehen für das neue Verhaltensmuster. Die erlebte Not wird weniger.

C: Neues Problem. Das bisherige Muster wird angewendet, bringt aber keine Lösung.

D: Er findet eine neue Lösung, die Belastung wird als weniger erlebt

Im Zeitbereich C...D entstehen weitere Belastungen: Im Alter von etwa zehn Jahren muss er einen Schulwechsel verkraften. Neue Lehrer, neue Anforderungen, neue Mitschüler. Die Lehrer verlangen mehr Eigeninitiative, was ihm aber nicht gelingt. Plötzlich droht der Verlust der für ihn so wichtigen Aufmerksamkeit seitens der Mitschüler wie der Lehrer. Der Weg, sich selbst mehr zurück- und stattdessen Verantwortung für andere zu übernehmen, führt nicht zum gewünschten Erfolg: Zum Klassensprecher

SO ENTSTEHEN KLEINE ANTEILE

wird er nicht gewählt, und seine Versuche sich bei den Lehrern anzubiedern, stoßen bei den Klassenkameraden auf Ablehnung. Also findet der Junge eine neue Lösung, indem er in die Rolle des Klassenclowns schlüpft. Mit seiner Fähigkeit zu Selbstrücknahme und sensibler Wahrnehmung findet er schnell raus, was andere lustig finden, und bietet dann das entsprechende Verhalten. Dabei gelingt es ihm, trotzdem nicht die Sympathie der Lehrer zu verspielen. Der zweite kleine Persönlichkeitsanteil ist geboren. Wieder war der Verlust an Aufmerksamkeit der wichtigste Auslöser, allerdings ist dieser kleine Anteil auf ein anderes soziales Umfeld spezialisiert als der erste. Er wird die innere Führung übernehmen, wenn eine Situation außerhalb der Kernfamilie es erfordert, z.B. im Kollegenkreis. Das Lösungsmuster des zweiten kleinen Anteils baut in diesem Fall zwar auf den Fähigkeiten des ersten kleinen Anteils auf, doch die Lösungen sind verschieden. Beide Lösungsmuster sind auf eine lebenslange Dauer angelegt. Das Umschalten von einem Anteil zum anderen geschieht automatisch, solange das auslösende Moment für das spezifische Lösungsverhalten ungefähr der Ursprungssituation entspricht: Erfährt der Klient zu wenig Aufmerksamkeit seitens ihm sehr nahestehender Personen, reagiert der Fünfjährige, passiert dasselbe außerhalb der Familie, springt der Zehnjährige in die Bresche. Der eine wird Verantwortung übernehmen, der andere seine Mitmenschen unterhalten.

***

Genau genommen, ist der kleine Anteil, den ich eben als den ersten bezeichnet habe, nur die Nummer zwei. Denn in der Zeit als sich der Junge noch vergeblich um Anerkennung bemühte, hatte er ebenfalls etwas gelernt und einen kleinen Anteil daraus entwickelt. In dem, in der Abbildung mit A1 und A2 gekennzeichneten Zeitabschnitt dominiert für ihn das Erleben, dass seine Bemühungen vergeblich sind und er seinen Wunsch nach mehr Beachtung nicht erreichen kann. Wenn der Junge zukünftig mal scheitert, wird er sich wieder genauso fühlen. Und wenn er damals sein Versagen damit erklärt hatte, dass er weniger wert als das Geschwisterkind ist, wird ihn auch diese Minderwertigkeit wieder ergreifen.

Wenn in Paarstreitereien manchmal extreme Gefühle auftreten, dann hat dies meist damit zu tun, dass sich in den Frust der Gegenwart auch solche Misserfolgserfahrungen aus der Kindheit hinein mischen. Hier findet sich auch eine Erklärung dafür, warum die Gefühle in Streitereien zwischen Partnern so immens hochkochen können.

Man könnte also zwei Arten von Ich-Anteilen unterscheiden:

1. Die aufgrund von Leid und vergeblichem Bemühen entstandenen Verhaltens- und Denkmuster und

2. Die durch erfolgreiches Lösungsverhalten entstandenen kleinen Anteile.

Weil diese Differenzierung für unsere Betrachtung nicht wesentlich ist, werde ich sie im Folgenden nicht benutzen.

Kleine Begleiter – ein Leben lang

In der folgenden Abbildung 2 ist skizziert, wie die kleinen Anteile dem Erwachsenen ein Leben lang begleitend zur Seite stehen – stets bereit, auf ihr spezifisches Stichwort hin das Regiment zu übernehmen. Ohne dass der erwachsene Anteil sich dessen bewusst ist.

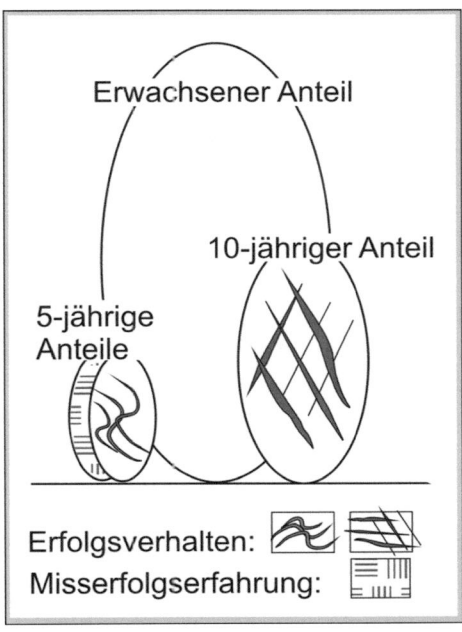

Abbildung 2: Drei Begleiter, Grafik: R. Krätzig

Ein kleiner Anteil zerstört beinahe eine junge Familie

Wie massiv sich die innere Führung eines kleinen Anteils auf den Beziehungsalltag auswirken kann, zeigt folgendes Beispiel aus dem Erwachsenenleben des Klienten.

Szene IV

Er und seine Frau haben gerade Nachwuchs bekommen. Die junge Mutter kümmert sich nun vorwiegend um das Baby, so dass nur noch wenig Raum bleibt, um auch ihrem Ehemann Zuwendung und Aufmerksamkeit zu schenken. Eine gewisse Zeit lang ist das für diesen noch gut zu verkraften. Aber nach einer Weile wird er unruhig und gerät angesichts der fehlenden Zuwendung unter inneren Stress. Für seine Frau völlig überraschend, ist er aggressiv und stellt die Beziehung plötzlich in Frage. Sie kann seine Reaktion nicht verstehen und verliert deshalb ebenfalls ihr Vertrauen in die Beziehung. Da keinerlei gegenseitiges Verstehen mehr möglich ist, entscheiden sie sich für die Paartherapie.

Schnell lässt sich die jetzige Entwicklung erklären: Die unzureichende Aufmerksamkeit für den fünfjährigen Jungen nach der Geburt des Geschwisterkinds hat ihn so stark sensibilisiert, dass mangelnde Aufmerksamkeit bei ihm bis heute deutlich schneller und mehr Stress auslöst als bei vielen anderen Menschen. Und dieser Aufmerksamkeitsmangel-Stress ruft den fünfjährigen Persönlichkeitsanteil auf den Plan. Er übernimmt die Führung im Ich und reagiert mit den damals erarbeiteten Lösungsmöglichkeiten: Der Mann beginnt, sich höchst engagiert der Versorgung von Kind und Frau zu widmen. Er übernimmt die Pflege des Kindes und entlastet seine Frau, wo er kann. Daran ist auf den ersten Blick nichts Falsches, doch er tut es nicht als emanzipierter Vater und Ehemann, der hierin seinen freiwilligen Beitrag und eine notwendige Entlastung für die junge Mutter sieht, sondern als kleiner

Junge, der für sein Tun gelobt und anerkannt werden will. Wahrscheinlich wird sich die Frau auch über die Aufmerksamkeit des Ehemannes freuen, froh sein, dass er ihr Arbeit abnimmt, sie und das Kind versorgt und sie sich auch mal ausruhen kann. Aber sie wird deshalb vermutlich nicht in Begeisterungsstürme ausbrechen und rufen: »Das ist ja so toll, dass du dich so um mich und unser Kind kümmerst«, sondern einfach nur entspannt einschlafen ... und überhaupt nicht verstehen, warum ihr Mann irgendwann vollkommen frustriert reagiert. Er seinerseits ist enttäuscht, fühlt sich nicht gesehen und reagiert sogar eifersüchtig auf die Zuwendung, die sein Kind so selbstverständlich bekommt.

Als Fünfjähriger hatte er es geschafft, mit der Betreuung seines Geschwisters ein gewisses Maß an Lob und Zuwendung zu erhalten. Das hatte sein Leben entlastet. Wenn dasselbe heute nun nicht mehr funktioniert, fühlt er sich der drohenden Vernachlässigung völlig ausgeliefert. Und wie unangenehm sich das anfühlt, ist tief in ihm gespeichert.

Zurückgeworfen ins kindliche Leiden

Der fünfjährige Persönlichkeitsanteil des Klienten, der Verantwortung übernimmt, erwartet Lob und Verständnis. Als diese Zuwendung ausbleibt, wird er innerlich zurückgeworfen in die Zeit, als er die rettende Lösung noch nicht gefunden hatte. Wie hatte er sich damals gefühlt? An den Rand geschoben, ausgestochen von der Geschwisterkonkurrenz, allein und klein. Emotional war er noch kein Großer. Es tat weh. So sehr, dass er über sich hinaus wachsen musste und somit die Fähigkeit des kleinen Anteils entwickelte, sich als Helfender einzubringen.

Da der Klient nicht weiß, dass all diese schrecklichen, schmerzhaften Gefühle, denen er jetzt ausgesetzt ist, nur die Reinszenierung eines längst vergangenen Geschehens sind, verbindet er sie mit seiner Frau und dem gemeinsamen Kind. Aus eben diesem Erleben heraus erwächst das Gefühl, am falschen Ort und mit der falschen Frau zusammen zu sein.

Und wie reagiert die Frau, wenn sie merkt, dass ihr Ehemann

daran »zerbricht«, ihr »ein bisschen« geholfen zu haben? Sie ist entsetzt und gerät womöglich selber in einen Strudel von Kindheitserfahrungen wie »nicht liebenswert zu sein« oder »allein gelassen zu werden«. Das Zusammenspiel beider Reaktionen ist es schließlich, das zu den wirklich großen Konflikten in einer Partnerschaft führt.

Die kleinen Anteile kommen als Schützer, Aufpasser oder Helfer, sobald sie ihre vertrauten Schlüsselreize/ Stichworte wahrnehmen. In der obigen Szene sind es »Mangel an Aufmerksamkeit« und »Konkurrenz mit anderen«. Von einer Sekunde zur anderen springen sie in den Ring und übernehmen das Handeln. Der Mensch selbst wird seine plötzliche Veränderung für angemessen, notwendig und richtig halten und daher gar nichts anderes tun wollen. Von dem Abrutschen in alte Szenen bekommt er nichts mit. Wüsste er, dass er gerade so handelt, als wäre er in einer anderen Zeit seines Lebens, würde er vermutlich sofort aus dem Geschehen aussteigen wollen. Aber weil er sich innerlich in alten Szenen befindet und es damals um die Abwehr/Vermeidung sehr schmerzhaften Erlebens ging, greift er umso intensiver in das aktuelle Geschehen ein.

Für das jeweilige Gegenüber hingegen ist dieser Bruch im Fluss des Geschehens, der Handlungen und Emotionen oft sehr deutlich spürbar, weil dieser Stimmungsumschwung nicht unbedingt nachvollziehbar ist. Vielmehr fühlt es sich für das Gegenüber so an, als käme der Stimmungswandel wie aus heiterem Himmel. Für die Ehefrau aus der obigen Szene ist das plötzliche Umschalten ihres Mannes in einen fürsorglichen kleinen Anteil nicht sofort erkennbar, weil sie es der Geburt zuschreibt. Die Frustration und der Zorn des Ehemannes kommen daher für sie vollkommen überraschend.

Die Auslöser

In der Ursprungsfamilie sind wir zwar nur eine begrenzte Zeit, doch in diesen Jahren sind wir noch so klein, dass wir gezwungen sind, uns anzupassen und manches Unangenehme oder Unstimmige hinzunehmen. Wir müssen Schwächen der Eltern aushalten und uns oft selber einen Weg suchen, um diese auszugleichen. Bisweilen sind wir davon überfordert. Auch wenn die Umstände, unter denen wir aufwachsen, aus späterer Sicht vielleicht nur wie kleine Misslichkeiten erscheinen, so werden wir dennoch von ihnen geprägt. Ein zu langer Aufenthalt bei der Tante oder im Krankenhaus, die zu lange Abwesenheit der Eltern, die enorme Verunsicherung durch Streits oder auch Alkoholkonsum der Eltern, die zu große Ängstlichkeit der Mutter / des Vaters ... Alles hinterlässt Spuren. Insbesondere wenn das Kind von der Situation (wiederholt) überfordert wird. Eine seelische Traumatisierung braucht lediglich eine (sehr stark belastende) Situation, um lebenslange Prägungen zu hinterlassen. Und selbst wenn es nicht ums Überleben geht, sondern es sich einfach nur unangenehm anfühlt, belastend oder schmerzhaft ist, wird das Kind versuchen, die Situation zu beenden oder ihr zu entkommen. Ist keine Hilfe oder Entlastung von außen in Sicht, dann sucht das Kind nach Möglichkeiten, sich selbst zu helfen. Lösungen, die dem Kind in dem Moment zu helfen scheinen, können aber für den Erwachsenen fatale Folgen nach sich ziehen.

Ursache »technisches« Versagen

SZENE V

Das Kind ist gerade drei Jahre alt, und seine Eltern sind mit ihm bei Bekannten. Liebevoll wird es im Gästeapartment schlafen gelegt. Die Eltern spielen mit den Freunden ein Stockwerk tiefer Karten und amüsieren sich.

Um das Kleine machen sie sich keine Sorgen, sie haben ja das Babyphone installiert. Alles bleibt ruhig. Doch das Gerät funktioniert nicht. Irgendwann wacht das Kind auf und schreit. Als niemand kommt, irrt es weinend durch die dunklen fremden Räume, stößt sich mehrfach den Kopf. Das Kind erlebt Schutzlosigkeit und Verlassenheit. Machtlosigkeit und Ausgeliefertsein. Für das kleine Kind ist diese Situation extrem belastend. Daher sucht es jetzt verzweifelt nach Hilfe und greift zu allem, was dazu dient, das Erleben zu erleichtern. Längst hat es alle verfügbaren Lösungsansätze für das Thema Verlassensein abgearbeitet: Es hat gerufen, geweint, geschrien, hat schon versucht, die Eltern zu finden. Jetzt sitzt es mit blutendem Kopf am Boden und ist völlig verstört.

Was im Weiteren geschieht, hängt vor allem davon ab, wie das Kind veranlagt ist und welche Lösungsmuster in der Familie verwendet werden. Lässt die Mutter beispielsweise öfter traurig den Kopf hängen, wenn sie mit etwas nicht klarkommt, kann es sein, dass das Kind ebenfalls in seiner Traurigkeit versinkt. Ist die Mutter dagegen eine Kämpferin, wird vielleicht auch das Kind jetzt kämpfen und anfangen, richtig Lärm zu machen. Selbstverständlich könnte auch das Verhalten des Vaters oder anderer Bezugspersonen als Vorbild dienen.

Hat das Kind eine ähnliche Verlassenheitssituation schon einmal erlebt, ist es möglich, dass das Kind beginnt, ein System auszumachen und sich zu fragen, warum es jetzt und hier allein ist. Die Antwort speist sich wiederum aus dem, was im Familienalltag an Informationen und Geschehnissen kursiert. Hat das Kind schon öfter so etwas zu hören bekommen wie »Du bist ein Nagel zu meinem Sarg«, »Ohne dich war es leichter« oder auch »Dich werde ich verkaufen, wenn du weiter solche Schwierigkeiten machst«, so wird das jetzt als Erklärung herangezogen. Ganz gleich, ob das nur scherzhaft gemeint war oder nicht. Auch wenn ein kleines Kind noch keine Vorstellung von einem Sarg hat und keinen Begriff davon, wie es ist, verkauft zu sein, bekommt es dennoch mit, dass hier etwas als Drohung gegen die eigene Person im

Raum steht. Die jetzige Situation gilt als Beweis für das Gesagte, und in dem Kind keimt vielleicht der Verdacht, dass es die vorher wahrgenommenen Drohungen gerade umgesetzt wurden. Selbst wenn die Eltern im nächsten Moment die Situation auflösen und objektiv alles wieder gut ist, können die kindlichen Schlussfolgerungen im weiteren Leben der Person Konsequenzen haben. Die (kleine) Person wird eine Sensibilität für die Frage entwickeln, ob ihr Platz in der Familie sicher ist. Solche kleinen Unglücke und Missgeschicke passieren in jeder Familie, können aber der Ausgangspunkt für falsche Überzeugungen des Kindes sein.

Ursache realer Mangel

Missgeschicke ebenso wie Irrtümer können zwar die Keimzelle kleiner Anteile sein, doch da jede Familie (nur) aus Menschen besteht und Menschen nun einmal unvollkommen sind, ist die Wahrscheinlichkeit recht hoch, dass ein realer Mangel zur Bildung neuer Ich-Zustände führt. Zumal Eltern auch mal Kinder waren und eigene Blessuren davongetragen haben. Eltern mögen sich noch so sehr *bewusst* bemühen, *unbewusst* werden sie dennoch das meiste der selbst erlittenen Lasten an ihre Kinder weitergeben. Hinzu kommen gesellschaftliche Eigenarten, die bisweilen eine ganze Generation prägen können. Beispielsweise gab es in der ehemaligen DDR die sogenannte Wochenkrippe. Hier konnten Säuglinge, auch schon kurz nach der Geburt, für eine komplette Woche abgegeben werden, um die Eltern zu entlasten und ihre Arbeitskraft uneingeschränkt zur Verfügung zu haben. Das mag sogar gut gedacht gewesen sein, war aber bestimmt nicht im Sinne der Kinder. Diese wurden durch die Trennung von den Eltern und die oft mangelnde emotionale Versorgung in der Gruppe seelisch tief erschüttert. Eine Zeitlang dominierten in meiner Praxis Klienten, die in einer Wochenkrippe die Grundlage ihrer seelischen Nöte erfahren hatten. So könnte die Diagnose *depressive Reaktion nach Aufwachsen in Wochenkrippe* in vielen Karteien stehen. Diese Kinder erlebten, es nicht wert zu sein, falsch zu sein, nicht zu genügen et cetera. Und die kleinen Ich-Anteile bemühen sich dann jahrzehntelang vergeblich, diese Urkränkungen aufzulösen.

Vermutlich ließe sich ein ganzes Buch nur über mögliche Mängel in Familien schreiben. Ich möchte hier nur eine Auswahl anführen – und zwar aus meiner Sicht als Paartherapeut, der sich die Berichte der kleinen Anteile über ihre Probleme mit dem jeweiligen Partner anhört. Die Themen dieser kleinen Anteile verweisen stets auf die Ursache.

Häufige Themen kleiner Anteile

In den meisten Paartherapien klagen beide Partner darüber, dass sie sich von dem anderen nicht genügend wahrgenommen fühlen: »Er sieht mich nicht«, »Sie hört mich nicht«. Meist wird diese fehlende Zuwendung als Beweis dafür gewertet, dem anderen nicht wirklich wichtig zu sein. »Er nimmt mich nicht ernst«, »Sie akzeptiert meine Einwände nicht«, »Er zieht immer nur seins durch, egal was ich sage«. Solche Formulierungen zeigen, dass die Person sehr sensibel dafür ist, ob ihr eine angemessene Wertschätzung entgegengebracht wird.

Fehlende Beachtung, mangelndes Wahrgenommensein, unzureichende Wertschätzung oder das Gefühl, nicht ernst genommen zu werden, all das wird Kindern in unseren Familien offenbar am häufigsten zugemutet. Auch die Erscheinung, dass vielen heutigen Kindern ein Übermaß an Beachtung und Lobhudelei geschenkt wird (Stichwort Prinz resp. Prinzessin), ist ein Ausdruck von mangelnder Wahrnehmung und unzureichender Wertschätzung. Auch hier wird die Wirklichkeit der Kinder nicht genug gesehen.

Die zunehmenden Burnout-Erkrankungen machen deutlich, was die meisten Menschen in einer Leistungsgesellschaft wie der unsrigen einsetzen, um das was damals zu wenig war, doch noch zu bekommen: Sie sind fleißig, brav, funktionieren wie verlangt und passen sich an, selbst an vollkommen unstimmige Situationen. Eigene Belange werden zurückgestellt, die Interessen der Umgebung wichtiger genommen als die eigenen. Auch die meisten kleinen Ich-Anteile greifen zu diesen Mitteln. Brachte die Entlastung der Mutter beim Putzen ein Lob ein, so ist die Strategie langfristig gespeichert …

Fehlende Aufmerksamkeit ist ein sehr oft benanntes Thema der kleinen Anteile, vielleicht sogar das häufigste.

Ein weiteres oft genanntes Thema der kleinen Ich-Anteile ist Harmoniemangel in der Familie – schließlich war in harmonischen Momenten auch alles andere da: Zusammensein, liebevolle Zuwendung, Aufmerksamkeit, Zeit et cetera. Verschwand die Harmonie jedoch, wurde die Welt des Kindes karg.

Schauen wir noch auf weitere Nöte, die mir von kleinen Anteilen berichtet wurden:

- mangelnde körperliche Zuwendung
- mangelnde Liebe
- mangelnde Gerechtigkeit bei Geschwisterkindern
- mangelnder Raum für Eigenes. Elterliche Forderungen und Vorgaben werden als einengend oder gar als Gefängnis erlebt.
- mangelnde Zeit für ein Miteinander
- zu wenig Konzentration in der Begegnung. Immer lenken Fernseher, Computer oder Handy oder alles gleichzeitig ab.
- mangelndes oder zu viel Lob, mangelnde Wahrnehmung der eigenen Fähigkeiten, zu weite oder zu enge Grenzen
- »Was ich auch tue, es ist nie genug.« Die Eltern können nicht zufriedengestellt werden.
- Die Kinder tragen schwer an den elterlichen Sorgen. »Mir hört keiner zu«, »Ich kann alles aushalten« oder: »Es geht nicht um mich«, wird zur innerlichen Orientierung.
- Das ältere Geschwisterkind muss sich immer um das jüngere kümmern; die eigene Kindheit wird verkürzt. Wunsch: «Ich will auch mal einfach nur Zeit vertrödeln.«
- Das jüngere Geschwisterkind wird von dem älteren drangsaliert und wünscht sich Schutz durch die Eltern. Das Kind lernt: »Für mich gibt es keine Sicherheit« oder: »Ich genüge nicht«.

- Die Großeltern, die einen Teil der Erziehung übernehmen, sind hart und unerbittlich. »Meine Wünsche werden nicht gehört« (»weil ich nicht so wichtig bin«), lautet dann die innere Überschrift.
- mangelnde Akzeptanz als Person. Statt: »Ich bin gut so, wie ich bin« lernt das Kind: »Ich bin nicht richtig, nicht gut genug, zu hässlich, zu dick, zu dünn ...«
- Das Kind bekommt zu hören, dass das Leben der Eltern ohne es vermutlich besser verlaufen wäre. »Ich störe«, wird als Überzeugung etabliert.

In vielen Varianten tauchen kleine Ichs auf, deren Familie ihnen nicht den Platz eines *guten* Familienmitgliedes bieten konnten, sondern nur den eines bösen/schlechten/unzureichenden et cetera. Und wer sich trotz aller Anstrengung, ein gutes Mitglied zu sein, keine Anerkennung, Zuwendung, Aufmerksamkeit und Wertschätzung verschaffen kann, holt sich in seiner Verzweiflung die *negative* Aufmerksamkeit, die einem schwarzen Schaf zuteil wird.

Hier gibt es bisweilen recht skurrile Konstellationen: Eine Klientin war Haushaltshilfe geworden – um ihre Mutter, eine überforderte Alleinerziehende, zu entlasten. Schon als Fünfjährige kochte und putzte sie für die kleine Familie. Bekam die Mutter trotz dieser Entlastung den Kopf nicht sorgenfrei, machte die Kleine einfach einen Fehler in ihrem Tun. Sie zerbrach ein Glas oder ließ etwas anbrennen. Jetzt konnte sich die Mutter ordentlich an ihr austoben. Denn nach den Schimpftiraden kam diese manchmal reumütig angekrochen und verwöhnte die Tochter für einen Moment. Das Fatale dabei: Die Tochter lernte die Überzeugung, dass sie ungeschickt ist und nichts wirklich korrekt beenden kann.

Die Konstellation, durch das eigene Versagen die Familie zu entlasten, um einen Platz darin zu bekommen und vielleicht sogar eine wichtige Funktion inne zu haben, ist ziemlich weit verbreitet. Hier sollten sich all jene angesprochen fühlen, die von sich selber denken, nicht zu genügen oder nicht richtig zu sein. Wenn ein Kind so etwas über sich lernt, dann heißt das auch, dass es

DIE AUSLÖSER

nur unter diesen Bedingungen seinen Platz in der Familie finden konnte. Hätte es einen anderen Platz gegeben, das Kind hätte ihn sofort genommen. Natürlich geht es hier vorwiegend um unbewusste Prozesse. Das heißt, wüssten Eltern, was ihr Kind neben ihnen lernt, würden die meisten wohl vor Scham im Boden versinken und sofort versuchen, diesen Mangel zu beheben ...

Die Mittel der kleinen Anteile

Welche Mittel stehen Kindern zur Bewältigung schwieriger Bedingungen zur Verfügung? Sicher sind die Mittel, die ein «kleiner» Anteil verwendet, auch abhängig von dem jeweiligen Entwicklungsstadium. Anfänglich bleibt einem kleinen Kind nicht viel anderes übrig als zu lernen, unangenehme Situationen auszuhalten, wenn die basalen Mechanismen wie Schreien und Weinen nichts bringen. Wie kann ich aushalten, was ich nicht ertragen möchte? Auch schon ganz kleine Menschen kapieren recht schnell, dass es durchaus Wege gibt, das eigene Gefühlserleben zu beeinflussen.

Wir können zwei Gruppen unterscheiden: In der ersten, macht sich das Kind »unsichtbar«. Es unterdrückt also eigene Belange und passt sich an seine Umgebung an. Dies kann als Schutz vor den Erwachsenen (deren Wut, Ungerechtigkeit et cetera) dienen oder als Mittel, ihnen zu gefallen und so an Zuwendung zu kommen.:

- Das Kind findet Wege, sich selbst zu verleugnen, spricht nicht über seine Wünsche, Bedürfnisse und Grenzen.
- Das Kind hält sich selbst mit Ängsten in Schach oder
- holt sich die Wunscherfüllung in Traumwelten.
- Das Kind ist ganz brav, erfüllt alle Anforderungen.
- Das Kind wird zur Hilfsinstanz für die Erwachsenen. Es entlastet die Erwachsenen, indem es Dienste und Aufgaben übernimmt. Es wird zum »Schauspieler in dem Theaterstück der Eltern«.

In der zweiten Gruppe kämpft das Kind um Aufmerksamkeit, Beachtung, Zuwendung, Liebe et cetera:

- Das Kind ist renitent, hat Wutanfälle, gehorcht nicht o.ä..

- Das Kind wird fleißig oder auch krank – weil es dann Zuwendung bekommt.
- Das Kind trickst, lügt, manipuliert, um auf diese Weise ans Ziel zu kommen. Die Not ist so groß, dass jetzt jedes Mittel recht ist.
- Auch die Mittel der ersten Gruppe können dazu dienen
- usw.

Meist handelt es sich um unbewusste Prozesse. Kein Kind setzt sich hin und entwickelt den Gedanken, hilfreich zu werden, indem es sich schuldig fühlt, eine böse Rolle übernimmt oder Ähnliches. Stattdessen probieren Kinder vieles aus, und manches ergibt sich zufällig, aus einem Irrtum heraus oder wird einfach von den Eltern kopiert. Eine ängstliche Mutter ist das ideale Vorbild für einen ängstlichen kleinen Anteil. Ein sich schuldig oder wertlos fühlender Vater bereitet den Boden für entsprechende kleine Anteile seiner Kinder. Fleißige, leistungsorientierte Eltern bieten eine Orientierung für den kleinen Anteil ihres Sprösslings, der mit Fleiß operiert.

Gefühle im Körper unterbrechen

Sie kennen das bestimmt: Ein Gefühl lässt sich mindern oder gänzlich ausschalten, indem man aufhört zu atmen. Kommt ein Klient während der Therapiesitzung endlich in Kontakt mit einem lange unterdrückten Gefühl, sagt der Therapeut, um eben dieses Gefühl zu fördern: »Atmen, weiter atmen, immer ruhig weiter atmen.« Denn der Atem schwingt unmittelbar mit dem Gefühlserleben zusammen. Fließt der Atem, fließt auch das Gefühl. Wird der Atem angehalten, hält auch das Gefühlserleben an. Ganz ähnlich verhält es sich mit der Muskelanspannung: Nur wenn die Muskeln weich sind, hat das Gefühl freie Bahn, den Körper zu bewegen, ihn zu schütteln und zu ergreifen. Viele Menschen setzen unbewusst diese zwei Hauptmittel ein, um ungeliebte Gefühle zu unterbrechen oder zu unterdrücken. Sie halten die Luft an und/oder spannen ihre Muskeln an. Oft werden nur Schultern und Hals, nur der Bauch, die Arme oder Beine oder eine

Muskelkombination angespannt – und so für das eigene Erleben abgeschnitten.

Die Beeinflussung der eigenen Körperlichkeit wirkt sicherlich auf noch viel weitergehende Prozesse im Körper wie Blutversorgung, Nervensystem und Biochemie. Mit dem Ergebnis, dass unerwünschtes emotionales Erleben effektiv unterbunden wird. Ein solches Abspalten, Anästhesieren/Betäuben von Körperbereichen geschieht öfter als man zunächst meint. Sogar Herzensgefühle lassen sich in dieser Weise stilllegen, einmauern, einfrieren … Viele kennen den Kloß im Hals und die Enge in der Brust. Auch das Zwerchfell ist ideal, um Bauchgefühle vom oberen Körper zu trennen. Ebenso ist die Gürtellinie eine mögliche Bruchstelle und natürlich jedes Gelenk. Während meiner Arbeit als Körperpsychotherapeut begegneten mir etliche solcher Abspaltungen und Kaltstellungen bzw. Isolierungen.

Das Drosseln und Unterbrechen einer Gefühlsbewegung im Körper hat auch eine Wirkung nach außen. Die Entdeckung der Spiegelneuronen hat gezeigt, dass Menschen intuitiv von der Bewegung eines anderen Menschen auf dessen Emotionen schließen können. Wenn ein Kind seine Gefühle unterdrückt, ist es für die Augen des Anderen zwar nicht unsichtbar, aber schwerer zu erfassen.

Ein gefährlicher Nebeneffekt der Körperblockierung: Der Mensch selbst kann keinen Zugang mehr zu seinen Gefühlen herstellen. Er verliert den Bezug zu sich selbst und damit zu der wichtigsten Mess- und Bewertungsstelle, über die ein Mensch verfügt. Die innere Stimmigkeit kann nicht mehr »aus dem Bauch« heraus, »aus dem Handgelenk« oder »frei von der Leber weg« erfahren werden.

Ein festgehaltener Körper steht auch nur noch bedingt für Erfahrungen, Lernen und Entwicklung zur Verfügung. Lange Zeit gingen wir in unserer Gesellschaft von einer Trennung zwischen Körper und Denken aus. Diesem Ansatz zufolge könnte sich ein Mensch in seinem Denken auch dann noch frei bewegen, wenn der Körper in einer muskulären Panzerung festgehalten ist. Tatsächlich bedeutet ein gepanzerter Körper aber auch eine wesentliche Einschränkung bzw. negative Beeinflussung von Lernen und Entwicklung. In dieser Weise körperlich Behinderte müssen sehr viel mehr Energie aufbringen, um dasselbe Leistungsniveau wie ein offener, nicht blockierter Mensch zu erreichen.

Es gibt auch ganz andere Möglichkeiten, die eigenen Gefühle zu bändigen. Einer meiner Klienten fuhr seinen Kopf wie einen Computer runter, sobald ein negatives Gefühl (Unmut, Ärger, Zorn, Kritik) in Bezug auf sein Gegenüber in ihm aufkam. Als Kind hatte er dieses Mittel entwickelt, weil er einen einjährigen Aufenthalt in der Kinderpsychiatrie als Abgeschobensein verstanden hatte. Aus Sicht des kleinen Jungen waren seine Eltern zu sehr von ihm belastet worden. Und diese Überzeugung – jemand zu sein, der andere zu sehr belastet - steuerte noch den Erwachsenen, der mir Jahre später gegenüber saß. Diesen Schutzmechanismus habe ich nur einmal erlebt, die folgenden sind dagegen sehr verbreitet.

Gefühle durch Denkprozesse bändigen

Auch Angst ist ein hochentwickelter Mechanismus zur Kontrolle eigener Gefühle. Ebenso wie eine Depression und ein Zwang. Allerdings sind hier nicht primär muskuläre, sondern gedankliche Prozesse beteiligt. Um diese gestalten zu können, muss ein Mensch schon etwas älter sein als bei den genannten muskulär-zentrierten Schutzmechanismen, die in den ersten Lebensmonaten bis etwa zum zweiten Lebensjahr dominieren. Es sind Gedanken über die eigene Person, über andere, über das Leben, über das, was gleich geschehen wird oder schon alles geschehen ist. Stets in einem negativen Kontext. Es geht ja darum, die eigene Person zu bremsen – und das funktioniert leichter mit Gewicht, also Belastendem, und das heißt in der Regel mit Negativem.

Ein solches Bewältigungsmuster kann sich entwickeln, sobald ein Kind mit zunehmenden kognitiven Möglichkeiten versucht, Erklärungsmodelle für das Geschehen in seiner Umgebung zu finden. Insbesondere für Belastendes wird nach einer Erklärung gesucht: »Warum ist Mama immer so böse mit mir beim Essen?«,

»Warum ist Papa jetzt schon wieder weg?«. Unangenehmes Erleben treibt die Gedankenmaschine an. Natürlich wird dabei auch das verarbeitet, was ein Kind immer wieder hört: »Ich halte es nicht aus, dass du schon wieder mit dem Essen spielst«, »Deinetwegen komme ich jetzt zu spät« und Ähnliches. In diesen Sätzen teilt sich mit, dass durch das Kind eine Belastung entsteht und dass diese der betreffenden Person nicht angenehm ist. Je nach Kontext dominiert dann die Botschaft: »Das, was du tust, ist für mich unangenehm« oder »Weil du so bist, wie du bist, ist es mir unangenehm«.

Kinder betrachten sich selbst schnell als schuldig, falsch oder unzureichend. Denn Erwachsene erscheinen ihnen lange Zeit wie Götter. Allmächtig und unfehlbar. Zudem unterstreicht ihr Verhalten und ihre Aussagen oft, dass offenbar immer andere schuld sind. Da ein Kind per se in der Rolle des Schwächeren ist, nimmt es irgendwann Überzeugungen an wie: »Ich bin nicht wichtig«, »Um mich geht es nicht« ... Dass derartige Überzeugungen nicht gerne angenommen werden, versteht wohl jeder. Immerhin bedeuten sie ja, in einer schlechteren Position als andere zu sein und weniger Rechte zu besitzen. Aber wenn es für unangenehmes Geschehen keine andere Erklärung gibt, greift ein Kind irgendwann zu einer dieser Überzeugungen. Weil ein solcher Gedanke in dem Moment tatsächlich zu einer Erleichterung führt. Wie kommt das?

Muss ein Kind große Ungerechtigkeit ertragen, ist das sehr schmerzhaft. Es tut weh, wenn eigene Belange nicht gehört werden und für eigene Wünsche oder auch Grenzen kein Raum zu sein scheint. Denkt ein Kind dann, dass diese Situation an ihm liegt, »weil ich nicht so wichtig bin wie die anderen«, ist das eben als ungerecht Erlebte nun nicht mehr ungerecht, sondern angemessen. Damit wird auch dem Schmerz die Ursache genommen. Zwar ist es auch schmerzhaft zu erkennen, selbst weniger wichtig zu sein, aber es ist weniger belastend als die Ungerechtigkeit. Die neu gewonnene Überzeugung ist von nun an Bezugspunkt für zukünftiges Handeln. Denn ein Kind, das davon ausgeht, nicht so wichtig zu sein wie seine Mitmenschen, wird weniger fordernd auftreten und entsprechend weniger Konflikte erzeugen. Es fügt sich leichter ein, hält mehr aus.

Tatsächlich gibt es noch einen zweiten Faktor, der eine negative Ich-Überzeugung für ein Kind hilfreich erscheinen lässt. In der Überzeugung: »Meinetwegen streiten sich die Eltern« ist das Kind selber die Ursache für eine Situation. Und somit plötzlich nicht mehr machtlos, denn es hat ja etwas gemacht, und das hatte eine Wirkung ... Für die kleine Seele ist das unter Umständen eine sehr entlastende Gedankenkonstruktion.

Paare, die auch Eltern sind, könnten aus diesen Schilderungen herauslesen, aufmerksamer zu sein. Aufmerksam ihren Kindern gegenüber und auch dem gegenüber, was sich in deren Köpfen abspielt. Sie sollten immer wieder mal nachfragen, was diese so denken, über sich, über die Familie und ihren Platz darin. Welchen Stellenwert sie sich zuschreiben und wovor sie vielleicht Angst haben. Was sie verändern würden und was sie als gut und wichtig ansehen. Das könnte dann dazu führen, dass manche Formulierungen wie »Wärst du doch bloß ein Mädchen geworden« nicht mehr benutzt werden. Eltern sollten wissen, dass viel mehr bei den Kindern ankommt, als sie vielleicht ahnen.

Und weil sich vieles davon auch nicht erschließen und verhindern lässt, sollten Eltern ihren Kindern eben immer wieder mal Gelegenheit für ein Gespräch auf Augenhöhe geben. Ein Gespräch, in dem es darum geht, einander zuzuhören und mit den jeweils gegebenen Nöten und Themen ernstzunehmen. Das Kind sollte deutlich spüren, dass es geschätzt und gemocht wird - so wie es ist.

Flucht in Traumwelten

Auch dieses Schutzprogramm funktioniert über Denkprozesse. Ebenso wie sich eine Angst nur mit viel Phantasie entfalten kann, kann sich nur in Traumwelten zurückziehen, wer fähig ist zu träumen. Ich habe eine Reihe von Patienten kennengelernt, die sich als Kind in ihre Spielecke, ins Bett oder in die Natur zurückzogen, um dort in ihre Phantasien einzutauchen, sobald es in der Familie mal wieder schwierig wurde. Manche hatten Puppen und Teddys als Begleiter bei sich, andere Feen oder die Natur wie Blumen und

Bäume. Auf diese Weise fand jeder von ihnen genau den Frieden und die Ruhe, die sie in der Realität vermissten. Hier wurden die Kinder geliebt, hier wurde ihnen zugehört, hier nahm man sie ernst.

Für ein Kind mag diese Lösung hilfreich sein, für einen Erwachsenen aber ist sie meist fatal. Denn durch den Rückzug in eigene Innenwelten ändert sich am Außen gar nichts. Oft macht die Inaktivität der Person es sogar noch schlimmer. Diese Menschen haben nicht selten eine Affinität zu Drogen, weil ihnen diese zumindest für einen Moment ähnliche Scheinwelten vorgaukeln.

Sich ablenken

Unangenehmes lässt sich auch aushalten, indem man einfach nicht mehr hinschaut, zum Beispiel indem man sich ablenkt: Das Kind beginnt, sich zunehmend mit den Themen seiner Mitmenschen zu beschäftigen. Die Anforderungen und Bedürfnisse von Mutter, Vater und Geschwistern werden zu zentralen Positionen im eigenen Leben - im Erwachsenenleben folgen dann die Erwartungen von Partner, Kindern, Freunden, Kollegen oder des Geschäftes. Wer genügend Ablenkung findet, braucht sich nicht mehr mit sich selbst und den eigenen Bedürfnissen zu beschäftigen.

Häufig sind es die Vorgaben der Eltern, die so ein Bewältigungsmuster fördern. Oft sind diese »*Gefühlsflüchter*« mit übervollen Tagesplänen. Nie gibt es Ruhe und Zentrierung, immer nur »Action«, immer nur Input und irgendwas zu tun. Insofern können auch sehr strenge, viel Disziplin und Gehorsam fordernde, leistungsorientierte Eltern Ursache für dieses Muster sein. Die Kinder erleben diesen Erwartungsdruck zwar als schmerzhaft, doch irgendwann fügen sie sich in das Muster, werden diszipliniert und liefern Hochleistungen – allerdings ohne Freude dabei zu empfinden. Ist ein Ziel erreicht, wird nicht gefeiert, sondern gleich das nächste definiert.

»*Ablenker*« sind meist sehr fleißige, sehr beliebte Menschen. Kein Wunder, denn diese Personen leisten mehr, als sie müssten, und nehmen ihrer Umgebung vieles ab. So ein Freund ist ein verlässlicher Umzugshelfer und geduldiger Zuhörer. Stumm dienend, sich (fast) nie beschwerend oder beklagend. Erst ein Burnout oder eine schwere körperliche Erkrankung kann den »Ablenker« in seiner Selbstausbeutung bremsen. Alle Energie ist aufgebraucht – und durch die fehlende Ablenkung sind die zuvor übertünchten eigenen Probleme und Nöte plötzlich massiv präsent.

Lebensthema

Mit dem Blick auf die Anliegen der kleinen Anteile, bekommt man einen direkten Zugang zu einem zentralen Thema im Leben der betroffenen Person. Es ist so zentral, dass ich es gerne auch als Lebensthema bezeichne.

Der Mangel definiert das Ziel

Erlebt ein Kind beispielsweise einen Mangel an angemessener Zuwendung, dann wird die Suche danach – zumindest unbewusst- zum vorrangigen Thema. Tag für Tag werden Versuche und Anstrengungen unternommen, um das Problem zu lösen oder den Schmerz zu lindern. Die Bildung entsprechender kleiner Anteile ist eine unmittelbare Folge dieser Aktivitäten. Sie dienen dazu, den Mangel zu beheben. Fehlte zum Beispiel Gerechtigkeit, wurde Gerechtigkeit zum Ziel. Das kann sich in simplen Alltagssituationen niederschlagen, aber genauso in größeren Belangen. Bei vielen Juristen zum Beispiel, die den Weg in meine Praxis gefunden haben, war die Suche nach Gerechtigkeit ein wesentlicher Grund, eben dieses Fach zu studieren.

Aus dem Mangel, als »falsch« angesehen worden zu sein, erwächst das Ziel, als »richtig« angesehen zu werden. Dieser Mensch wird sehr viel Wert darauf legen, alles richtig zu machen. Gerne beschäftigt er sich mit Normen, Richtlinien und Regeln und ist in der Lage, auch in komplizierten Situationen Unstimmigkeiten zu erkennen. Da er überzeugt ist (meist unbewusst), nicht »richtig« zu sein, wird der Maßstab für das richtige Handeln im Außen gesucht. »Richtigmacher« sind als ausdauernde, verlässliche Mitarbeiter gerne gesehen – bis sie irgendwann krank werden, weil sie nicht mehr können. Kürzlich war ein Klient in meiner Praxis, der seine Not zur (vermeintlichen) Tugend gemacht hatte. Sein Streben, alles richtig zu machen, verlegte er auf das Feld der Gesunderhaltung: Er holte sich sämtliche verfügbaren Informationen rund um gesunde Lebensweisen und setzte diese um. Da er dabei jedoch nach wie vor denselben Fehler machte, seine eigenen Belange, Empfindungen und Grenzen zu wenig wertzuschätzen, machte ihn die Gesundmacherei nur krank und kränker.

Litt ein Kind unter zu wenig körperlicher Nähe und Zuneigung, sucht der Erwachsene ein Leben lang danach. Manch einer wählt danach seinen Beruf, zum Beispiel Physiotherapeut oder Masseur. Eine meiner Klientinnen wurde als Kind emotional vernachlässigt und sucht seither Fürsorge und Bezogenheit. Sie wurde Kindergärtnerin. Jeden Tag erzeugt sie so die ersehnte Atmosphäre, auch wenn vordergründig andere davon profitieren. Erst in der Psychotherapie lernte sie, die gute, angenehme Atmosphäre, die sie anderen schenkt, auch für sich selbst zu nutzen. Nun konnte sie in ruhigen Momenten etwas davon in sich aufnehmen und an die darbenden Anteile in ihr weiterleiten.

Scheinlösungen

Kann ein Kind überhaupt eine Lösung für schwierige Bedingungen in der Ursprungsfamilie finden? Kann ein Kind einen wesentlichen Mangel im Beziehungsgefüge durch sein Tun auflösen? Wohl kaum. Damit meine ich jedoch ausdrücklich nur jene Lösungsversuche, die das Kind selber unternimmt. Lösungen, die von den beteiligten Erwachsenen ausgehen, haben ein ganz anderes Potential. Macht ein Elternteil beispielsweise eine Psychotherapie oder treten ganz neue (liebevolle) Menschen in das Leben des Kindes, kann dies die Lebensbedingungen in der Familie so verändern, dass der bisherige Mangel nicht mehr existiert. Damit wird all das, was der Mangel bislang an Überzeugungen und Verhaltensweisen ausgelöst hat, nun von neuen, »gesünderen« Erfahrungen überlagert. Obwohl ich gegen voreilige Trennungen bin, insbesondere bei Paaren mit Kindern, kann ein neuer Ersatzvater unter Umständen ein besserer »Vater« sein ebenso wie eine neue Partnerin eine bessere »Mutter«.

Bleiben die Kinder bei ihrer Suche nach Lösungen jedoch

jahrelang auf sich allein gestellt, können sie mit ihren Mitteln allenfalls für Schmerzlinderung sorgen. Nichts anderes schaffen die kleinen Anteile, die aus der Lösungssuche hervorgehen.

Die gefundenen neuen Verhaltensweisen wie Anpassung, Verantwortung zu übernehmen oder ähnliches sind niemals dafür geeignet, das unbefriedigte Bedürfnis wirklich zu stillen. Der neu kreierte kleine Anteil kann also lediglich dazu beitragen, dass der vorhandene Mangel als nicht mehr so belastend erlebt wird. Da ist zum Beispiel das Mädchen, das seine Fähigkeit, innere Bilder zu erschaffen, dazu nutzte, sich von der unterkühlten Mutter »wegzuträumen«. In seiner Traumwelt von Feen und Engeln lässt sich das Mädchen liebkosen und verwöhnen. Auf der realen Ebene hat sich nichts verändert. Aber der schmerzvolle Mangel lässt sich so leichter ertragen. Und später als erwachsene Frau? Sie litt zunehmend darunter, so zurückgezogen zu leben und kaum noch reale Kontakte führen zu können.

Die Lösungswege der kleinen Anteile sind also keine wirklichen Lösungen, sondern nur Hilfsmaßnahmen, um den gegebenen Mangel erträglich zu machen. Wie könnte auch die Überzeugung, sich wertlos oder fehl am Platz zu fühlen, tatsächlich wegweisend sein? Dennoch bleiben diese Scheinlösungen innerlich erhalten und werden auch im Erwachsenenalter noch angewendet.

Lob statt Liebe

Ein kleiner Mensch (und wohl auch jeder große) will um seiner selbst willen respektiert und geliebt werden. Hat ein kleiner Anteil gelernt, brav zu sein oder besonders erfolgreich, gut zuzuhören oder hilfsbereit, dann ist die daraus resultierende Beachtung nichts weiter als der Lohn für eine Leistung. Ein (fauler) Kompromiss also. Denn um den inneren Hunger nach Anerkennung und Liebe nachhaltig zu stillen, müsste die Zuwendung unabhängig von aller Leistung kommen. Ist das Kind fleißig und wird dafür gelobt, dann erhält es diese Zuwendung für das, was es *getan* hat, und nicht für das, was es (unabhängig von seiner Leistung) *ist*. Tatsächlich gibt es viele Menschen, die für ihre Leistung jede Menge Anerkennung bekommen, aber danach hungern, um ihrer selbst willen anerkannt zu werden. Unsere Gesellschaft ist voller Menschen, die irgendwann angefangen haben, über Leistung einen Platz in der Gesellschaft zu suchen. Nicht umsonst spricht man von der Leistungsgesellschaft. Aber dieses Streben nach Anerkennung über Leistung hat seinen Preis: ausgebrannte, innerlich unzufriedene Menschen, die trotz Höchstleistung niemals Erfüllung erfahren – weil das Wesentliche, die Anerkennung der eigenen Person, nicht über Leistung zu erlangen ist.

Wir erarbeiten uns Zuwendung für das, was wir tun,

brauchen sie aber für das, was wir sind!

Alle Zuwendung, die als Antwort auf die eigene Anpassung oder den eigenen Fleiß kommt, ist zwar gut, aber nicht hinreichend zur Befriedigung der Sehnsucht nach Wertschätzung, Liebe, Beachtung und Begleitung. Dennoch kann das neue Verhalten die Not in den meisten Fällen etwas mindern. Im Erwachsenenleben außerhalb der Ursprungsfamilie funktioniert das allerdings deutlich schlechter ...

In der Falle

Am Arbeitsplatz und/oder in der eigenen neuen Familie werden die Not- und Schutzprogramme ebenfalls eingesetzt, doch haben sie selten dieselbe Wirkung wie früher. Wer als Kind brav war, bekam vielleicht mal eine Streicheleinheit von der Mama, wer aber in der Firma brav ist, kann darauf lange warten. Vielmehr besteht die Gefahr, ausgenutzt oder sogar für die ständige Anpasserei gemobbt zu werden. Wer sich im Büro zurücknimmt, weil er gelernt hat, nicht wichtig zu sein, wird dafür bestimmt nicht gelobt, sondern eher übersehen. Wer weder eigene Wünsche einbringt noch Grenzen setzt, um »bloß keine Last zu sein«, wird früher oder später von den Wünschen und Grenzen anderer belastet. Wer seine Probleme mit sich selbst ausmacht (»weil mir sowieso niemand zuhört«) statt mit den Verursachern, wird diese Probleme auch morgen vorfinden. Wer immer alles richtig machen will, wird irgendwann folgenschwere Fehler machen, weil er die eigenen Grenzen nicht beachtet. Wer hofft, mit Höchstleistungen Zuwendung zu erlangen, wird als Streber abgelehnt oder von anderen ausgenutzt.

Auch der Partner bzw. die Partnerin ist anders gestrickt als die Personen der Herkunftsfamilie, weshalb das alte Schutzprogramm weniger funktioniert als früher oder sogar versagt und zu Konflikten führt.

Aus diesem Ablauf gibt es offenbar kein Entrinnen:

- Etwas in der Grundfamilie wird als Last erlebt.
- Es bilden sich kleine Anteile zum Schutz. So gelingt es, die Last zu mindern, aber nicht, das Problem zu lösen.
- Das Thema / die Not bleibt erhalten und wird zur lebensbestimmenden Aufgabe (Lebensthema).
- Auch der Erwachsene versucht weiterhin, die (meist unbewusste) Not mit Hilfe seiner kleinen Anteile zu lösen
- Das führt dazu, dass die Bedingungen der Kindheit im Erleben immer wieder auferstehen: Was die Mutter nicht geben konnte, kann die Partnerin auch nicht geben.
- Die Last der Kindheit und das daraus entstandene Verhaltensmuster (kleiner Anteil) bestimmt das Leben.

Und natürlich wird dieses Thema an die nächste Generation weitergegeben. Schenkt eine Mutter ihrem Kind ganz bewusst besonders viel Aufmerksamkeit, weil sie selber so wenig davon bekommen hat, wird das Kind mit einer Mutter groß, die immer zu wenig Aufmerksamkeit bekommen hat. Möglicherweise gibt die Mutter auch deshalb so viel, weil sie es »richtig machen« und von ihrem Kind später hören will, dass sie eine gute Mutter war. Früher kämpfte sie um die Zuwendung und Anerkennung durch die eigene Mutter, jetzt um die des Kindes als Mutter. Das Kind ist also von vornherein mit einer Aufgabe konfrontiert, die es niemals erfüllen kann. Um es dennoch zu versuchen, wird dieses Kind vielleicht besonders brav oder fleißig oder oder … Eine endlose

Geschichte.

> **SZENE VI**
>
> Das kleine Mädchen hatte gelernt, mit Fleiß und Funktionieren die Missachtung der Mutter zu mindern und sogar manchmal von ihr gelobt zu werden. Jetzt beklagt sich die erwachsene Frau darüber, dass ihr Partner ihr Tun nicht wertschätze und sie sich oft vorkomme wie seine Dienerin. Immer lasse er seine dreckigen Socken und Unterhosen vor dem Bett fallen, und sie dürfe sie dann irgendwann auflesen und in die Wäsche tun. Hier wird ein kleiner Anteil eingesetzt, der mit einer dienenden Haltung eine (scheinbar) missachtende Haltung mindern soll. Bei der Mutter mag es vielleicht funktioniert haben, doch bei diesem Mann führt es sogar zu einer Verschlimmerung der Lage. Vermutlich würde das Verhalten der Frau auch bei vielen anderen Männern Ähnliches hervorrufen. Denn ein erwachsener Mann/Mensch geht eben davon aus, dass alles in Ordnung ist, solange nichts Gegenteiliges gesagt wird. Da die Frau mit ihm nicht über die Socken und Unterhosen am Bett spricht, sondern sie immer wieder stillschweigend wegräumt, kommt bei ihm an, dass das für sie okay ist, vielleicht sogar als kleiner »Liebesdienst« von ihr verstanden wird, den er gerne (wortlos) annimmt.

Das Lebensthema lauert überall

Die Nöte der Kindheit werden nicht nur zu zentralen Themen im Leben der betroffenen Person, sie sind darüber hinaus ständig präsent. Die Bildung eines kleinen Anteils ist nur der Anfang der permanenten Lösungssuche. Als gäbe es eine Instanz in diesem Menschen, die nichts anderes tut, als tagein, tagaus nach einer Lösung der ursprünglichen Not zu suchen – umso dringender, je schmerzvoller der Mangel bzw. die Störung erlebt wurde.

In der psychotherapeutischen Praxis wird mir immer wieder vor Augen geführt, dass sich dieses Suchen nach Lösungen auf das gesamte Leben des betroffenen Menschen ausdehnt. Egal, worauf wir den Fokus des Gesprächs gerade richten. Arbeit, Familie, Freundeskreis, Kinder? Selbst bei scheinbar Nebensächlichem flackert schon nach wenigen Sätzen immer wieder das Lebensthema auf. Ungerechtigkeit, Mangel oder Überforderung in der Kindheit … Diese »Störung« entpuppt sich stets als Ursache von Irritation, Ärger, Problemen und Konflikten in der Gegenwart.

Lässt sich dieses Phänomen damit erklären, dass ein Mensch zu Vollständigkeit und innerer Harmonie strebt? Beschäftigt er sich stets und ständig mit den Grundstörungen seines Lebens, um endlich eine Lösung zu finden, die besser ist als die bisherige?

Vielleicht ist die Erklärung aber auch viel simpler: Das gesamte Denken, Empfinden, Wahrnehmen und Handeln wurde durch die damalige Störung (das Leiden des Kindes) beeinträchtigt; und die Person hat sich in allem an die Schieflage (in der Herkunftsfamilie) angepasst. Aus dieser »schiefen Lage« heraus kollidiert die Person später immer wieder mit der Erwachsenenrealität jenseits der Ursprungsfamilie. Einziges Hilfsmittel sind die »schiefen« Muster von damals.

Die eigene Geschichte als Herausforderung

Damals, als der Mangel für das Kind so belastend wurde, dass daraus ein Lebensthema wurde, hatte ihm die Familie keinen leichter zu ertragenen Weg angeboten. Vielleicht weil die Not des Kindes in der Familie von niemandem bemerkt worden war, vielleicht weil niemand in der Familie in der Lage gewesen war, die Not des Kindes zu lindern. Weil diese Familie eben genauso war, wie sie war. Familien bestehen aus Menschen, und Menschen sind begrenzt. Vieles können sie, manches eben nicht. Auch Eltern stammen aus Familien und sind entsprechend vorbelastet. Als Außenstehender lässt sich die innere Verbindung durch ein Lebensthema bisweilen an dem einen bestimmten Gesichtsausdruck erkennen, den alle Familienmitglieder haben. Vielleicht ist

Ihnen das auch aus Ihrer eigenen Herkunftsfamilie vertraut: Gibt es eine spezifische Eigenschaft, die schon Großeltern und Urgroßeltern hatten? Insofern kann es vollkommen normal sein, in einer Familie zu wenig Wärme, Zuwendung oder Aufmerksamkeit zu bekommen, weil diese Qualitäten dort noch nie hinreichend gegeben waren. Und darum ist es auch nicht notwendig, mit den eigenen Eltern zu brechen oder diese anzuklagen, weil etwas im eigenen Leben nicht genug vorhanden war. Die meisten Eltern geben ihren Kindern gerne das, was sie haben. Dafür können wir ihnen danken, und den verbleibenden Mangel einfach als Lebensaufgabe, als individuelle Herausforderung verstehen. Denn das ist die lichte Seite des Mangels, den ein Kind erleidet: Er ist immer auch eine Aufforderung, neue Möglichkeiten in sich zu entdecken und vorhandene Fähigkeiten auszubauen.

Ein neuer Blick auf sich selbst

Irgendwann im Laufe einer Psychotherapie gewinnen die meisten Klienten eine neue Perspektive auf die eigene Person. Anfänglich sehen sie vor allem das, was in ihrem Leben fehlt; der Mangel und das dazugehörige Leid stehen im Zentrum der eigenen Wahrnehmung. Sie erleben sich als defizitär, unzureichend versorgt oder mangelhaft ausgestattet, die eigene Person als ungenügend, weniger wert oder vom Leben unfair behandelt. Doch der neue Blick auf sich selbst und das eigene Leben lässt sie erkennen, dass bei allem, was sie durchgemacht haben, eine Vielfalt an Fähigkeiten und Möglichkeiten entstanden ist.

Einer, dem viel zugemutet wurde, hat dabei gelernt, vieles zu ertragen. Emotionale Unsicherheit führte zur Schärfung der Sinne und schwer berechenbare Eltern erforderten, eine Fähigkeit zur Berechnung komplizierter Verhältnisse zu entwickeln. Was an jeweiligen Fähigkeiten ausgebildet wird, hängt wesentlich von dem ab, was die jeweilige Person an Fähigkeiten mitbringt. Ist ein schneller Kopf verfügbar, wird er sicher auch eingesetzt und der Schutzmechanismus entsprechend aussehen. Eine Angst zum Beispiel braucht jede Menge Phantasie, damit sie sich überhaupt entfalten kann: Wer gut hören kann, wird lernen, Flöhe husten zu hören; und wer gut sehen kann, wird mit Adleraugen problematische Konstellationen erblicken. Die gute Nase wiederum wird lernen, die Gefahr zu wittern. Wenn Sie mal auf Ihr Leben schauen und beginnen aufzuzählen, über welche Fähigkeiten Sie verfügen, bekommen Sie gleichzeitig einen geschärften Blick für all die Schwierigkeiten, Prüfungen und Aufgaben, die Sie in ihrem Leben schon zu bewältigen hatten. Denn ohne den Druck und Zwang, der durch unangenehme Situationen entsteht, liegen angelegte Potenziale brach und verkümmern. Wenn Sie also über sich sagen können, dass Sie gut zuhören können, dann waren Sie in ihrem Leben vermutlich irgendwann gezwungen, diese Fähigkeit zu entfalten. Vielleicht waren da strenge Eltern, ältere Geschwister oder andere nahe Personen, die sehr ungemütlich werden konnten, wenn man sich nicht so verhalten hat wie gewünscht.

TEIL 2

KLEINE ANTEILE IN DER PAARBEZIEHUNG

Wie Partner zueinander finden und was sie voneinander wollen

Um das Wirken kleiner Ich-Anteile in der Partnerschaft zu verstehen, brauchen wir noch einige Erkenntnisse darüber, wie Partner zueinander finden und was sie voneinander wollen. Beantworten wir zunächst die Frage danach, was Menschen zueinander führt. Wieso entstehen Zuneigung oder sogar Liebe?

Liebe als Wegweiser zum eigenen Vorteil

Ein Blick in die frühe Vergangenheit der Menschen gibt darüber Aufschluss. Damals lebten wir in kleinen Gruppen. Die Personen darin waren sich ähnlich, sie verhielten sich nach den gleichen Regeln und sprachen die gleiche Sprache. Die Nähe der Gruppe versprach Sicherheit, daher gilt bis in die Gegenwart:

> Ähnlichkeiten sind Vertrauen erweckend und daher anziehend.

Auch innerhalb einer kleinen Gemeinschaft gab es Unterschiede. Manchen begegnete man häufiger als anderen und desto mehr Möglichkeiten ergaben sich, sich aufeinander zu beziehen und sich näher zu kommen. Je näher Menschen zueinander standen, umso eher würden sie einander auch im Fall von Gefahr helfen. Auch diese Regel gilt bis heute:

> Menschen denen man häufig begegnet, fühlt man sich mehr verbunden, als denen, die man seltener sieht.

Nun mag man nicht jeden, den man öfter sieht. Aber:

> Man mag jeden besonders, von dem man weiß, dass dieser einen selbst mag.

Auch wenn man diese Zuneigung nur vermutet, ist man dennoch mehr hingezogen. Vielleicht ist auch diese Regel mit der vermehrten Sicherheit, zu erklären. Wer einen mag, wird einen auch eher beschützen.

Damit ergibt sich als erste Antwort auf die obige Frage: Schon die einfachen und alltäglichen Formen positiver Bezugnahme (Sympathie, Anziehung, Mögen, Zuwendung, Freundlichkeit et cetera) zwischen Menschen dienen dem Überleben und führen einen zu Menschen, die das eigene Überleben wahrscheinlicher machen. Man geht weg von denen, die einem nicht ähnlich sind, wenig vertraut oder fremd und die einen selbst wahrscheinlich nicht mögen. Im Falle von Gefahr, wären die keine Hilfe. Zuneigung dagegen führt in Sicherheit.

Es gibt noch einen weiteren Anlass für Sympathie, der, zumindest auf den ersten Blick, nicht in dieses Erklärungsmuster passt.

> Menschen schenken ihre Zuneigung an solche, die sie attraktiv finden.

Offenbar wird von dem positiven Merkmal der Attraktivität, unbewusst auf weitere positive Eigenschaften dieses Menschen geschlossen, wie etwa Ehrlichkeit, Intelligenz, Güte, Ausdauer, Kompetenz et cetera. Dieses sogenannte Attraktivitätsstereotyp führt dazu, dass schöne Menschen in praktisch allen Bereichen des gesellschaftlichen Lebens bevorzugt behandelt werden. Attraktive Kinder etwa bekommen in der Schule bessere Noten. Gut aussehende Erwachsene können vor Gericht mit milderen Strafen rechnen, treffen in Notlagen auf mehr Hilfsbereitschaft, und erhalten auch höhere Gehälter. Auch ein Zusammenhang zwischen physischer Attraktivität und Wahlerfolg wird mittlerweile beforscht. Auch wenn die Wirkung des Attraktivitätsstereotyps sehr gut dokumentiert ist, sind die Gründe, die zu der Gleichsetzung des Schönen mit dem Guten führen, kaum erforscht. Schönheit schön zu finden, ist jedenfalls nicht anerzogen. Untersuchungen haben gezeigt, dass schon sechs Monate alte Babys sich gern schönen Menschen zuwenden. Außerdem findet man dieses Phänomen in allen Mythen, Kulturen und Sprachen und ebenso in der Tierwelt.

Vielleicht wird sich herausstellen, dass sich dahinter ein natürlicher Mechanismus verbirgt. Schönheit hilft die Exemplare heraus zu finden, die am besten dafür geeignet sind, die Entwicklung der eigenen Spezies zu fördern. In Untersuchungen in der Tierwelt zeigte sich, dass die begehrten Lieblinge einer Gruppe tatsächlich oft die reichlicheren und gesünderen Nachkommen haben. Schönheit könnte demnach als Hinweis auf eine gute und gesunde genetische Ausstattung verstanden werden.

Zuneigung ist demzufolge ein Wegweiser. Folgen wir ihr, finden wir zu denen, die für uns von Vorteil sind. In der Vorzeit verbesserten sich die Überlebenschancen, heute geht es um subtilere Themen. Die kleine Zuneigung führt uns zu den Menschen, die richtig sind als Freunde, gute Bekannte, bevorzugte Kollegen... Die große Zuneigung bzw. Liebe führt uns zu unseren Beziehungspartnern.

Liebe ist also kein magisches und ewig währendes Geschehen – wie es Dichter und Kitschromane in romantischer Verklärung predigen – sie ist ein zielgerichteter und auf den individuellen Vorteil ausgerichteter Vorgang. Sie vergeht daher auch in dem Moment, in dem die Nähe zum anderen keinen Vorteil mehr bietet. Allerdings ist sie nicht nur auf vordergründige Vorteile beschränkt, sondern bezieht auch tiefere Belange der Personen mit ein. Und hier kommen wir wieder zu den kleinen Ich-Anteilen. Wir haben oben gehört, dass die Belastungen der Kindheit dazu führen, dass bestimmte Themen als Herzens- oder Lebensthema eine besondere Rolle im Leben eines Menschen einnehmen. Lebenslang wird nach Lösungen gesucht, die Bildung eines kleinen Anteils war nur der Anfang dieser Suche. Und daher liegt nahe, dass Menschen Partner als Lebensgefährten auswählen, die ihnen dabei dienlich sein können. Und offenbar sind dazu die am besten geeignet, die ein sehr ähnliches Lebensthema haben.

Paare haben das gleiche Lebensthema

Zumindest war dies bei allen Paaren der Fall, denen ich in meiner paartherapeutischen Praxis bisher begegnet bin.

Vielleicht liegt der Vorteil darin, dass der/die Erwählte, aufgrund des anderen Lebenslaufs, andere Lösungen gefunden hat. Damit besteht von der ersten Minute an die Möglichkeit, am Vorbild des Partners neue Bewältigungsstrategien für die eigenen Nöte zu betrachten und kennen zu lernen.

Vielleicht gibt es hier aber noch mehr Vorteile. Es treffen sich zwei, die in ihrer Entfaltung als Mensch nicht fertig sind. Zwei, die im Kern mit den gleichen Aufgaben zu tun haben und in der gleichen Richtung unterwegs sind. Vielleicht finden sie auch gerade deshalb zueinander, um diesen Weg gemeinsam zu gehen. Vielleicht, um gemeinsam weiter zu kommen, als es allein möglich ist. So gesehen, wäre ein Paar eine Wachstums- und Entwicklungsgemeinschaft, unterwegs, um Lösungen für die gleichen bzw. ähnlichen Themen zu finden.

Die Partnerschaft ist eine Wachstumsgemeinschaft

Irrtum Harmonie

Diese Idee – die Partnerschaft als Wachstumsgemeinschaft zu verstehen – hat sich nicht sehr weit herum gesprochen ... Ich treffe immer wieder auf Paare, die in der irrigen Annahme leben, mit dem richtigen Partner müsse man immer in Harmonie leben, bzw. ein Partner, mit dem man nicht beständig in Harmonie lebt, sei der Falsche. Die Folge: schnelle Trennung, sobald erste Konflikte auftauchen. In sich ist das natürlich logisch, wenn man davon ausgeht, dass es so etwas wie »den Richtigen« gibt, also einen Partner mit dem man ohne Konflikte leben könnte. Diese Überzeugung ist meines Erachtens einer der Gründe, weshalb sich mehr und mehr Paare – oft sind schon Kinder da – nach relativ kurzer Zeit wieder trennen. Die vielen Patchwork-Familien, die es inzwischen gibt, sind eine Folge dieser ewigen Suche nach dem/der Richtigen. In manchen Schulklassen gibt es schon kein Kind mehr, das nicht in einer Patchwork-Familie lebt.

In der von mir hier vertretenen Überzeugung einer Partnerschaft als Wachstumsgemeinschaft, ist der gegebene Partner »der Richtige«. Vielleicht nicht für immer und ewig, aber richtig für die Gegenwart. Die gegebenen Konflikte sind dabei notwendige Erscheinungen. Beide Menschen sind nicht fertig in ihrer Entfaltung, sondern stehen am Anfang eines langen Entwicklungsprozesses. Und um miteinander wachsen zu können, müssen sie sich auch aneinander reiben. Die Annahme einer permanent harmonischen Partnerschaft halte ich schlicht für falsch.

Meine Aussage, dass eine Partnerschaft eine Wachstumsgemeinschaft ist, stammt »nur« aus meiner Erfahrung, ich kann sie nicht beweisen. Aber nehmen Sie mal an, ich hätte Recht: Wie viel Leid ließe sich damit vermeiden? Durch Trennungen und den Aufbau immer neuer Beziehungen wird so viel kostbare Kraft und Lebensenergie vergeudet. Bedenken Sie mal, wie viel Energie und Zeit in einer Partnerschaft stecken: Menschen verändern ihren Wohnort, ihr soziales Umfeld, manchmal auch die Arbeitssituation, um zusammen zu sein. Und es braucht Zeit, um gegenseitiges Vertrauen aufzubauen und die Sprache des/der anderen zu verstehen. Dabei war der/die Verflossene der Richtige – das Paar hätte nur einen anderen Blickwinkel auf die Situation gebraucht.

Insbesondere wenn Kinder da sind, sollte sich ein Paar dreimal überlegen, ob es sich trennt. In meiner therapeutischen Praxis erlebe ich immer wieder, wie tief sich Scheidungen in die Seelen der Kinder eingraben. Allerdings graben sich auch ständige Streits und eine anhaltende disharmonische Atmosphäre in der Familie tief ein. Deshalb lauten die Aufgaben:

> **Weder die Streits ewig fortsetzen noch in die Scheidung rennen, sondern sich hinsetzen und miteinander arbeiten.**

Paare, die sich als Entwicklungsgemeinschaft verstehen, gehen zwangläufig anders mit Problemen in der Beziehung um: Jedes Problem wird dann als Hinweis auf ein aktuell zu bearbeitendes Thema betrachtet, das gelöst werden sollte, um der eigentlichen Aufgabe, dem Wachstum des Einzelnen gerecht zu werden.

In der jahrelangen Arbeit mit zig sehr unterschiedlichen Paaren gewann ich zunehmend den Eindruck, dass wir Menschen vor allem auf der Erde sind, um zu wachsen und uns zu vervollständigen. Dafür sind Partnerschaften wie geschaffen.

Liebe als Resonanzphänomen

Liebe geschieht offenbar *nur* zwischen Menschen mit ähnlichem oder gleichem Lebensthema. Eine mögliche Erklärung könnten Resonanzprozesse sein. Weil zwei sich in ihrem Kern um Ähnliches drehen, stehen sie offenbar auch in ähnlicher Weise in der Welt. Die bei jedem Menschen einzigartig komponierte Mischung aus Wahrnehmen, Fühlen, Denken und Handeln ist bei diesen zwei in wichtigen Aspekten ähnlich. Sie »schwingen« in ähnlichen Frequenzen. Je mehr Übereinstimmung umso größer ist die entstehende Resonanz. Je mehr Resonanz umso größer ist die Sympathie.

Es wundert mich inzwischen nicht mehr, dass ich nur Paare erlebe, die von ihrem Lebensthema her wunderbar zusammenpassen. Aber bei den zerstrittenen Paare ist das Erstaunen meist groß, wenn ihnen klar wird, dass sie ein gemeinsames Lebensthema haben, dass der Partner, der doch so anders ist, offenbar von dem gleichen Thema, von der gleichen Grundnot getrieben wird. Und sie staunen über die Weisheit ihres Unbewussten, genau diesen Menschen als Partner ausgewählt zu haben.

Dass diese zwei Menschen zusammengekommen sind, haben sie also vor allem ihrem Unbewussten und damit ihrer Vorliebe für Vertrautes zu verdanken. Beide spürten im jeweils anderen etwas Bekanntes. Nun wird manch einer beim Blick auf den Partner und all die Konflikte mit diesem Menschen vielleicht aufschreien: »Was ist denn hier ähnlich? Es ist doch gerade das Fremde und Unähnliche, was so viele Probleme macht.« Na, schau'n wir mal ...

Die Zweierbeziehung als Nachfolgeeinrichtung der Ursprungsfamilie

Manche Menschen setzen sich ganz bewusst das Ziel, die eigene Partnerschaft so zu gestalten wie die eigene Herkunftsfamilie. Das Damals wird als gut empfunden und somit zum Vorbild für die eigene Familie. Anderen Menschen hingegen erscheint diese Vorstellung absurd oder gar erschreckend. Sie sind eher froh, die ursprüngliche Familie verlassen zu haben, und wünschen sich nichts sehnlicher, als in der Partnerschaft etwas komplett Neues aufzubauen. Doch ganz gleich, welche Position der/die Einzelne hierzu bewusst einnimmt, unbewusst ist die Zweierbeziehung in vielen Aspekten eine Nachfolgeeinrichtung der Ursprungsfamilie.

Dies ist nicht von Anfang an der Fall, sondern entsteht erst im Laufe der Zeit. Die meisten Paare haben in den ersten Monaten ihrer Beziehung noch eine Phase, die sich von dem unterscheidet, was danach kommt. Sie gehen noch anders miteinander um, denken, reden und zeigen sich so, wie sie es später unter Umständen nie mehr machen. Man könnte dies als Verliebtheitsphase abtun, in der eben vieles noch geht, wozu man nachher nicht mehr bereit ist. Neben dieser Tatsache spielt hier aber noch etwas anderes eine Rolle. Denn am Anfang einer Beziehung herrschen für beide noch ganz andere Verhaltensregeln als später.

Die Beziehungsregeln verändern sich

Zu Beginn seines Lebens befindet sich der Mensch in einem einzigen sozialen Zusammenhang, üblicherweise in der Herkunftsfamilie oder in der Gruppierung, die als solche erlebt wird. Hier herrscht eine klare Hierarchie, wonach z.b. die Älteren mehr zu sagen haben als die Jüngeren. Letztere erfahren im Laufe der ersten Lebensjahre, wo und wie sie sich einzuordnen haben. Sie

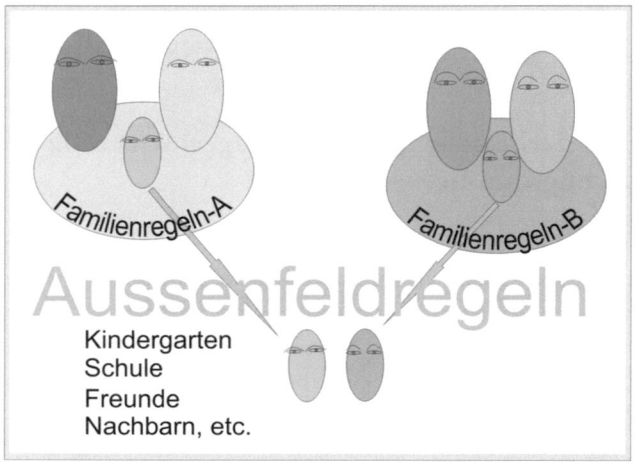

Abbildung 3: Unterschiedliche Regeln, *Grafik: R. Krätzig*

lernen ein ganzes Bündel von Verhaltensrichtlinien und »Gesetzen«. Zunächst geht das Kind davon aus, dass diese auch außerhalb der eigenen Familie gelten. Erst später erfährt es, dass es neben der Familie auch soziale Zusammenhänge gibt, die anders funktionieren und wo entsprechend andere Regeln gelten: Nachbarschaft, Verwandtschaft, Kindergarten …

Hier trifft man nun auch gleichaltrige Menschen (in der Familie sind alle entweder älter oder jünger - Ausnahme: Zwillinge) und muss erfahren, dass die Bezüge anders geregelt sind als in der

Familie. In der Familie reicht es vielleicht zu sagen: »Ich will«, und schon flitzt eine dienstbeflissene Mama los, das Gewünschte zu besorgen. Wenn dasselbe Kind im Kindergarten sagt: »Ich will jetzt das Spielzeug haben«, passiert vielleicht gar nichts. Es braucht also andere Strategien, um an seine Ziele zu kommen. Im Laufe der Zeit wird es diese lernen und sich ein Regelwerk erarbeiten, das für die Begegnung mit Gleichaltrigen gültig ist. Mit den Jahren wird dieses persönliche Regelwerk nach und nach erweitert und verfeinert und ist in vielen Details ganz anders als das Regelwerk für die Familie.

Die meisten Paare begegnen sich zum ersten Mal in einer Umgebung, in der die Regeln ihrer Herkunftsfamilie wenig gelten. Hier lernen sie einander kennen und treffen auch die Entscheidung für eine Partnerschaft. Beide verhalten sich entsprechend den Erfahrungen, die sie im den Umgang mit Menschen außerhalb der Familie gemacht haben. Bei einigen mag da kaum ein Unterschied sein, bei anderen sind diese erheblich. Wie groß die Differenz ist, erfahren die Paare, wenn sie nach einigen Wochen Beziehung in der Alltagsroutine angekommen sind. Denn jetzt verändert sich (unbewusst) die Statusdefinition, es wandelt sich nun das innere Gesetzeswerk: Jetzt werden auch Regeln gültig, die bislang nur für den Umgang innerhalb der Familie galten. Dies macht auch Sinn. Denn die in der eigenen Herkunftsfamilie gelernten Verhaltens-, Denk- und Handlungsweisen sind das Handwerkszeug, mit dem der Mensch auch seine Zukunft bewerkstelligt. Lernte man in der Herkunftsfamilie, sich anzupassen, aufmerksam und fleißig zu sein, dann wird man auch in der eigenen Familie angepasst, aufmerksam und fleißig sein. So entsteht wie von alleine eine - wie auch immer geartete - vertraute Atmosphäre.

Auf der nächsten Seite folgt ein Beispiel:

> Schauen wir auf einen Mann, der in seiner Grundfamilie mit strengen Eltern und rigiden Normen konfrontiert war und dem nichts anderes übrig blieb, als sich anzupassen. Er lernte auszuhalten, seine Gefühle zu zügeln und sich unterzuordnen. Im Kreise von Freunden und Spielkameraden machte er aber andere Erfahrungen. Hier war niemand, der ihn dominierte. So konnte er sich darin üben, eigene Belange zu zeigen und auch durchzusetzen. Wenn seine zukünftige Partnerin diesen Mann kennenlernt, wird sie ihn zunächst als offenen, kommunikativen und selbstbewussten Menschen erleben. Wenn sie dann aber eine Weile mit ihm lebt, wird sich der Partner des Öfteren unklar, unsicher, zurückhaltend und schweigend angepasst zeigen.

Zu dieser altvertrauten Atmosphäre gehören aber auch die alten Probleme, die irgendwann zur Bildung der kleinen Ich-Anteile geführt hatten. Wird die Partnerschaft zum Nachfolger der ursprünglichen Familie – wird sie damit unbewusst auch mit der damaligen Not in Verbindung gebracht. Wenn es sich anfühlt wie damals, also die alte Not wieder da ist, kehrt auch die alte Suche nach Hilfe zurück. Die wichtigsten Hilfsmittel dafür waren und sind die kleinen Ich-Anteile. Genau aus diesem Grund ist auch das Lebensthema nirgends so sehr präsent wie in einer Partnerschaft. Selbst Beziehungen, die schon eine Weile bestehen, sind massiv geprägt und belastet von den Ur-Nöten der beiden Partner. In jedem Streit und jedem Problem sind sie besonders deutlich erkennbar.

Übrigens: Wenn Sie ihrem Partner häufiger außerhalb ihrer neuen Beziehungsumwelt begegnen, zum Beispiel im Umfeld von Freunden und Bekannten, dann werden Sie vielleicht auch wieder Seiten sehen, die innerhalb der Beziehung verloren gingen. Dazu gehört dann auch der Gedanke, den Partner mal nicht als Partner zu betrachten, sondern als Fremden oder allenfalls als guten Bekannten. Paare, die einander in der Arbeitswelt begegnen, sind in dieser Hinsicht manchmal im Vorteil.

Eine Zusammenfassung unseres Blickes auf die Hintergründe einer Paarbeziehung könnte aktuell so lauten: Beziehungspartner finden einander, weil sie in wesentlichen Belangen ähnlich schwingen, gerade an einer ähnlichen Stelle im Leben stehen und füreinander eine stimmige Herausforderung sind. In der aktuellen Lebensphase ist er/sie genau der/die Richtige. Das heißt aber nicht, dass diese zwei von nun an hollywoodfilmlike glücklich und zufrieden bis an ihr Lebensende sein werden. Vielmehr haben die neuen Partner über diese Partnerschaft die Chance zu einer intensiven persönlichen Weiterentwicklung. Was hier an harmonischer Gemeinschaft möglich ist, muss erst aufgebaut werden. Die intensiven Momente zu Beginn der Beziehung sind nur ein Funkeln dessen, was die kleine Gemeinschaft an Möglichkeiten birgt. Tatsächlich breiten sich in der neuen Gemeinschaft zunächst die Probleme der Vergangenheit beider Beteiligter aus. Sie werden zur Ursache der Konflikte und damit zur Herausforderung.

Die kleinen Anteile beherrschen die Partnerschaft

Groß(patchwork)familie

Die folgende Abbildung deutet an, wie komplex eine Paarbeziehung eigentlich ist. In der Beziehungswirklichkeit sollte man von mindestens zwei wichtigen kleinen Anteilen je Partner ausgehen.

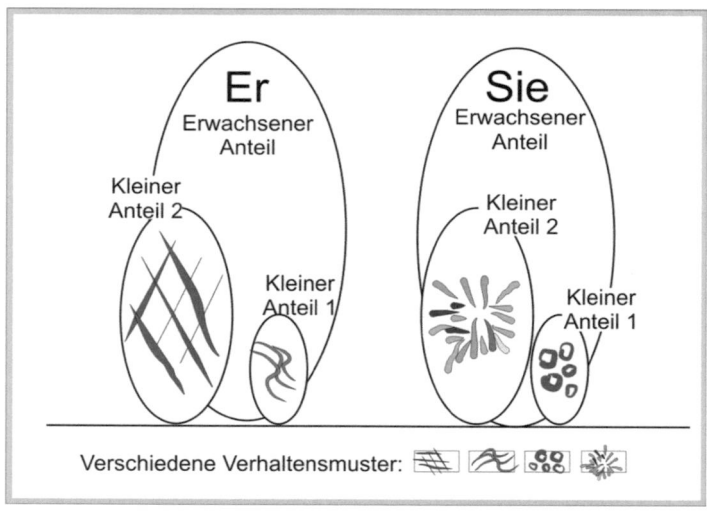

Abbildung 4: Komplexes Miteinander, Grafik: R. Krätzig

Da kommt also schnell eine »Groß(patchwork)familie« (3 + 3 = 6) zusammen. Tatsächlich entstehen die häufigsten Probleme im Beziehungsalltag aus dem Einmischen der, für die meisten unsichtbaren, kleinen Anteile.

DIE KLEINEN ANTEILE BEHERRSCHEN DIE PARTNERSCHAFT

Da kommt also schnell eine »Groß(patchwork)familie« (3 + 3 = 6) zusammen. Tatsächlich entstehen die häufigsten Probleme im Beziehungsalltag aus dem Einmischen der, für die meisten unsichtbaren, kleinen Anteile.

Wir haben oben gesehen, dass eine Partnerschaft schon nach wenigen Wochen zu einer Nachfolgeeinrichtung der eigenen Herkunftsfamilie wird. Eben war der Andere noch ein Fremder, jetzt geht man mit ihm so um, als wäre er ein Teil der eigenen Herkunftsfamilie. Unbewusst wird dem Anderen die Rolle/ Position/ Funktion der Ursprungsfamilie zugeschrieben, von der man am meisten braucht. Fehlte ihm die fürsorgliche Mutter, richtet er unbewusst an seine Partnerin die Hoffnung, dass sie diese Aufgabe jetzt übernimmt. Fehlte ihr die Anerkennung durch den Vater, wird sie diese jetzt vom Ehemann erwarten. Träger dieser Erwartungen sind die kleinen Ich-Anteile.

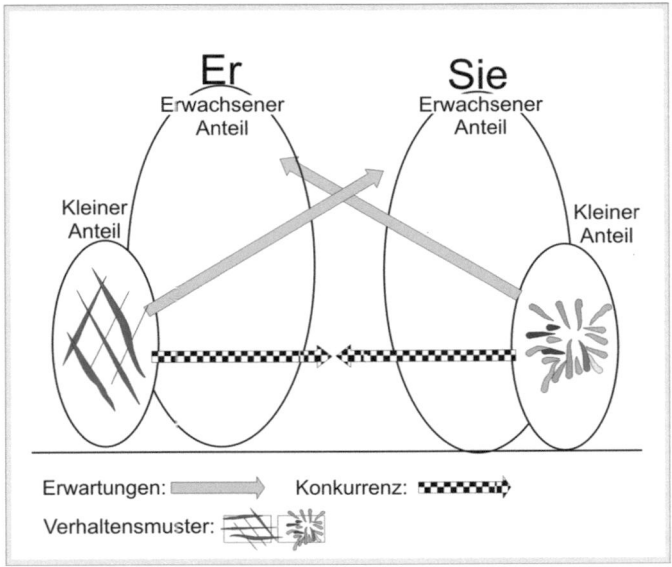

Abbildung 5: Gegenseitige Erwartungen, Grafik: R. Krätzig

In Abbildung 5 sind jetzt auch die gegenseitigen Erwartungen eingezeichnet (graue Pfeile). Wegen der besseren Übersicht ist jeweils nur ein kleiner Anteil eingezeichnet.

Oft sind diese Erwartungen an den Partner nicht bewusst. Häufig wissen nicht einmal die Fordernden von ihren Wünschen. Zur Konkurrenz (karierte Pfeile) zwischen den beiden beteiligten kleinen Ich-Anteilen kommt es, weil die kleinen Anteile beider Partner das gleiche bzw. ein sehr ähnliches (Lebens-)Thema haben. Schauen wir auf folgenden Ablauf:

Er ist heute nicht guter Dinge. Von einem kleinen Anteil angeführt, bemühte er sich schon auf der Arbeit (durch Anpassung und Fleiß) vergeblich darum, Anerkennung zu bekommen. Jetzt soll ihm wenigstens seine Partnerin Anerkennung zollen, z.B. dafür, dass er auf dem Heimweg gleich noch einkaufen geht. Aber sie tut es nicht, weil sie mit ihren Gedanken gerade woanders ist. Sein wütender Satz: ».. als ob ich überhaupt nicht existiere ...« gibt ihrem kleinen Anteil das Stichwort. Der kleine Anteil hört, dass es mal wieder nicht genug ist, was sie selber leistet - und schon ist der nächste Streit vorprogrammiert. Jeder wirft dem anderen dessen Unfähigkeit vor, die eigenen Erwartungen und Hoffnungen zu erfüllen. Und bestätigen sich dabei gegenseitig in der Lebensüberzeugung, dass sie das, was sie brauchen, nie bekommen.

Vergebliches Bemühen

Die kleinen Anteile agieren so, wie sie es damals gelernt hatten. Mit Fleiß, Anpassung, Starksein, Schwachsein, bzw. den anderen dafür gefundenen Verhaltensmustern (siehe Abschnitt »Die Mittel der kleinen Anteile« ab Seite 52) wird versucht, das alte Drama zu beenden. An den Partner/die Partnerin wird die unbewusste Hoffnung geknüpft, diese/r werde einem alles geben, was die Eltern nicht geben konnten.

Waren die Eltern nicht liebevoll genug, wird von dem neuen Partner erwartet, dass dieser nun die erhoffte Liebe gibt. Gleichzeitig aber geht mit dieser Hoffnung die unbewusste Erwartung/Befürchtung einher, dass das, was die Eltern nicht konnten, auch der Partner nicht kann. Da die kleinen (beschützenden) Anteile aber das Beste sind, was die Person zur Lösung der gegebenen Not aufbringen kann, treten diese umso deutlicher auf den Plan. Doch um wie viel weniger effektiv werden sie jetzt sein, da sich die Gegebenheiten komplett verändert haben. Angefacht wird die Frustration zusätzlich dadurch, dass sich die Erwartung auf Ausgleich des alten Mangels an den Falschen richtet. Denn der Partner ist niemals Vater- bzw. Mutterersatz und wie ein Elternteil hierarchisch höher gestellt, sondern eine Person auf Augenhöhe. Auch die Erwartung, der Partner sei »größer« als man selbst und könne deshalb die eigenen Probleme lösen, führt automatisch zu einer Enttäuschung. Trotzdem stürzen sich die kleinen Anteile auf den Partner, machen ihn zur Mutter oder zum Vater und fordern Heilung, Rettung, Schutz et cetera - und sind dann entsprechend frustriert, wenn nichts davon kommt. Und wenn dann – wie in den meisten Beziehungen – der Partner ebenfalls auf einen seiner kleinen Anteile umschaltet und seinerseits Erwartungen an einen richtet? Dann kracht's und knallt's. Schauen wir auf einige Beispiele.

Kleine Anteile in der Beziehung – Fallbeispiele

Die folgenden Beispiele vermitteln einen Eindruck davon, wie sich kleine Ich-Anteile in Beziehungen präsentieren und auf diese auswirken. Der Fokus liegt dabei auf den schwierigen Momenten in einer Paarbeziehung. Denn: Wann immer eine negative Spannung in einer Beziehung herrscht, sind mit Sicherheit kleine Ich-Anteile präsent. Die Aktivität der Kleinen führt unweigerlich dazu, dass Spannungen entstehen. Erst wenn die Kleinen verschwinden, wird auch die Spannung verschwinden. Wer die Probleme in den Griff bekommen will, muss also herausbekommen, welche kleinen Anteile agieren, was sie wollen und wie sie zu erreichen sind. Man muss sie also erst mal kennenlernen. Insbesondere in dem genauen Wortlaut der vorgetragenen Beschwerden drücken sich »schwarz auf weiß« die Nöte der kleinen Anteile aus.

SZENE VII

Monika: »Ich bin sehr fleißig, ich mache ... [hier kommen ganz viele Details aus der Hausarbeit, die sie allein bewältigt], und ich mache das auch gerne, aber oft ist mir das zu viel. Besonders sauer werde ich, wenn ich das Gefühl habe, dass ich seine Hilfe erbetteln muss. Ich mache so viel für ihn, ohne dass er etwas sagen muss, aber er kommt nie allein auf mich zu. Und wenn ich dann mal was erbitte, muss ich immer damit rechnen, dass er mich anblafft.

Er hört sich das etwas angespannt an und lässt die Anschuldigungen widerspruchslos über sich ergehen. Erst nach Ermutigung und Nachfragen äußert er auch Vorwürfe in ihre Richtung:

Jochen: »Dir kann man ja nie etwas rechtmachen. Egal, was ich tue, immer findest du einen Grund zu meckern. Und dann platzt mir einfach der Kragen. Ich mache und mache, und dann kommt am Schluss immer noch was: Mach das doch nicht so, sondern so und so ... Nie ist es richtig, nie bist du zufrieden.«

Aus Worten, Gestik, Mimik, Haltung, Tonlage et cetera erhalte ich schon einen ungefähren Eindruck von den kleinen Anteilen. Wie lautet das gemeinsame Grundthema von Jochen und Monika? Klar ist: Es hat mit Beachtung, Aufmerksamkeit und Wahrgenommenwerdenwollen zu tun. Sie erlebt es in der aus ihrer Sicht mangelnden Unterstützung von seiner Seite. Sie wünscht sich, nicht um Hilfe bitten zu müssen, sondern dass der Partner ihr die Wünsche von den Augen abliest. Das ist eine typisch kindliche Haltung, also bereits ein Hinweis auf einen kleinen Anteil: die Erwartung, dass das, was ich mir wünsche, von alleine zu mir kommt. Durch einfühlsame, aufmerksame, fürsorgliche Eltern. Für einen Erwachsenen hingegen ist es vollkommen normal und angemes-

DIE KLEINEN ANTEILE BEHERRSCHEN DIE PARTNERSCHAFT

sen, die eigenen Wünsche und Bedürfnisse zunächst zu benennen, bevor sie erfüllt werden können. In Verbindung mit Monikas Tonlage und Bewegungen entsteht vor meinem inneren Auge das Bild eines fünf- bis sechsjährigen Mädchens. In diesem Alter hat sie vermutlich gelernt, mit ihrem Fleiß Beachtung zu erringen.

Von Jochen habe ich bis jetzt erfahren, dass er gelernt hat, die Vorwürfe über sich ergehen zu lassen (die Prügel einzustecken) und seinen Unmut möglichst hinunterzuschlucken. Erst als ich ihn auffordere, wagt er, seinen Unmut zu benennen: Auch er hat das Gefühl, dass das, was er leistet, nicht gesehen wird. Die ersten Sätze machen bereits deutlich, dass er es gewohnt ist, immer wieder enttäuscht zu werden, aber auch, dass er noch nicht aufgegeben hat. Denn: »Egal, was ich tue« heißt auch, dass er noch etwas tut. Er schweigt zwar, weil reden offenbar wenig bringt, gibt sich aber noch nicht geschlagen. Sein großer Wunsch scheint zu sein, sie mal zufriedenstellen zu können und dann einen Moment Frieden zu haben.

Als ich die kleinen Anteile – also die streitenden, angespannten Partner – befrage, was sie sich von dem anderen wünschen, kommen folgende Antworten:

> **Monika**: »Ich möchte, dass er mal ganz von alleine etwas für mich tut. Dass er sieht, wie erschöpft ich schon bin, und mir dann mal irgendwas abnimmt.«
>
> **Jochen**: »Sie soll nicht so viel meckern. Dazu müsste sie mal weniger tun, dann wäre sie nicht so frustriert, sondern auch mal wieder freundlich.«
>
> **Monika** prompt: »Wenn du mal helfen würdest, bräuchte ich nicht so viel zu tun ...«
>
> **Jochen**: »Ich würde dir ja helfen, wenn man dir mal was recht machen könnte. Immer werde ich von dir angezählt.«

Tonfall, Art der Kommunikation und Inhalt unterstreichen: Hier hacken jetzt die zwei Kleinen aufeinander ein. Es werden zwar auch Inhalte mitgeteilt, die aber mit einer gewissen Vorsicht zu betrachten sind. Denn wenn ein kleiner Anteil spricht, geht es ihm – unabhängig vom Gesagten – vor allem um das Lebensthema, die Herzensangelegenheit. In diesem Fall bei beiden um den Wunsch, von dem anderen beachtet, wahrgenommen und wertgeschätzt zu werden. Die geäußerten Inhalte sind lediglich Wegweiser für den anderen. Ob diese Wegweiser auch zum Ziel führen, steht auf einem ganz anderen Blatt.

Der kleine Anteil von Monika will, dass ihre Leistung gesehen wird. Schließlich hat sie irgendwann gelernt, mittels Fleiß um Anerkennung zu buhlen. Jetzt will sie, dass Jochen diesen Fleiß anerkennt und sie dafür lobt und wertschätzt und ihr seine liebevolle Aufmerksamkeit schenkt.

Jochen hat allerdings schon länger vermutet, dass es vor allem ihr grenzenloser Fleiß und ihre grenzenlose Aufgabenerfüllung sind, was dazu führt, dass sie niemals den von ihm ersehnten Frieden aufkommen lassen kann. Deshalb fällt es ihm auch so schwer, genau diese Fähigkeit wertzuschätzen. Er steht dieser Seite eher kritisch gegenüber und hält Monika für die Hauptursache der von ihm erlebten Probleme.

Der kleine Anteil von Jochen würde sich beachtet fühlen, wenn Monika mal ihre Zufriedenheit über sein Tun ausdrücken könnte. Dazu gehört auch, dass nach einer erfüllten Aufgabe nicht sofort die nächste genannt wird, so dass mal ein Moment der Ruhe entstehen kann.

Doch genau solche Ruhemomente erlebt Monika als beunruhigend. Da sie auf seine Unterstützung in ihrem Tun wartet, stürzt sie sich schnell in die nächste Aufgabe. Nichts zu tun wäre eine verschenkte Gelegenheit …

Aus diesem System gibt es zunächst keinen Ausweg. Beide kleinen Anteile warten vergeblich darauf, dass endlich die erlösende Reaktion des Partners geschieht. Dabei nehmen beide nicht wahr, was tatsächlich an Miteinander, gegenseitiger Wertschätzung und Beachtung vorhanden ist. Als wären sie darauf programmiert, dass es das, was sie brauchen, nicht gibt. Genau das ist auch der Fall.

DIE KLEINEN ANTEILE BEHERRSCHEN DIE PARTNERSCHAFT

Weitere Szenen

Eine Bemerkung vorab: Wenn Sie gleich mitdenken möchten, versuchen Sie doch mal Antworten auf folgende Fragestellungen zu finden:

1. Was ist das Grundthema? Was fehlt? Was ist zu viel? Stimmt sonst etwas irgendwie nicht?
2. Was ist das Mittel, mit dem der kleine Ich-Anteil versucht, eine Lösung herzustellen? Mögliche Antworten: Fleiß, Anstrengung, Gehorsam, Bedürfnisverzicht, eigene Stärke, sich unsichtbar machen.
3. Was wird als Scheitern erlebt? Mögliche Antworten: zu lange warten zu müssen, sich zu sehr anstrengen zu müssen, zu lange verzichten zu müssen.
4. Wie sieht die Stimmung aus, die nach dem Scheitern entsteht? Mögliche Antworten: Zorn, Verzweiflung, depressiv, Traurigkeit, Unruhe.

SZENE VIII - Peter und Karin

Seit etwa sieben Jahren sind sie ein Paar und seit fast fünf Jahren verheiratet. Beide sind berufstätig, und Peter formuliert als Grund für die Paartherapie, dass sie zu wenig miteinander machen. Es sei schwer, Gemeinsames zu finden, und er befürchte, dass sie einander verlieren.

Karin benennt als Problem, dass Peter zu wenig Zeit für gemeinsame Aktivitäten übrig hat. Er verbringe seine freie Zeit damit, das gemeinsame Haus zu modernisieren, und treibe viel Sport. Sie sei oft allein und langweile sich.

Sie wünscht sich mehr gemeinsame Gespräche und stört sich sehr an seinen Regeln, die er im Alltag einfordert. So muss z. B. die Spülmaschine in einer bestimmten Weise eingeordnet werden - und selbst eine Begrüßung kann aus seiner Sicht falsch sein. Wenn er nach Hause kommt, spreche er das »Guten Abend« so aus, dass sie sich »erzogen« fühlt. Ihr »Hallo« reicht ihm offenbar nicht

Wir erarbeiten, dass es Peters zentraler Wunsch ist dazuzugehören. Innerlich ist er gleichzeitig überzeugt, dass er die Würdigung, die er braucht, nicht bekommt. Die nicht exakt eingeräumte Spülmaschine und das unangemessene »Hallo« als Begrüßung sieht er als Bestätigung dafür. Innerlich scheint er auch davon überzeugt, dass er Karin nicht gut tut. Er denkt, dass sie ein besseres Leben verdient habe, das mit ihm nicht möglich sei.

Karin wiederum hat ein grundlegendes Bedürfnis nach äußerer Sicherheit und Ruhe. Aus einer früheren Beziehung mit einem Araber hat sie ein inzwischen zwölfjähriges Kind. Nach der Trennung hatte der Ex-Partner das Kind in sein Heimatland entführt. Nur mit sehr viel Engagement und Glück war es ihr gelungen, das Kind zurückzugewinnen. Daher braucht sie jetzt vor allem eine verlässliche Umgebung. Gleichzeitig hat sie aber auch den Wunsch nach mehr Lebendigkeit in ihrem Alltag. Sie hat das Gefühl, Peter mit ihren Wünschen nach Ausgehen, Kultur und Geselligkeit zu viel zuzumuten und formuliert sie daher nur noch selten.

Im Urlaub möchte Peter vor allem an Pool oder Strand sitzen. Karin ist das zu wenig, sie möchte auch tanzen gehen, unterwegs sein und neue Erfahrungen sammeln. Auch körperlich möchte sie mehr Kontakt (kuscheln), als er zu geben bereit ist.

Einige Eigenschaften der erkennbaren kleinen Ich-Anteile sind nebenstehend aufgelistet:

DIE KLEINEN ANTEILE BEHERRSCHEN DIE PARTNERSCHAFT

	Karin	Peter
Grundthema, Suche, Bedürfnis nach:	Sicherheit, in der sie Halt finden und ihre Lebendigkeit entfalten kann.	Dazugehören, Teil eines Ganzen sein, angenommen werden.
Mittel zur Bewältigung:	Sie macht alles allein, versucht, niemanden zu belasten, passt sich an, hält aus.	Er beweist handwerkliches Können, körperliche Fitness und dass er alles richtig macht.
Als Scheitern wird erlebt:	Fehlende Gemeinsamkeiten, fehlende Gespräche, sein Beharren auf seinen (komischen) Regeln.	Ihre Unzufriedenheit und dass sie seine Regeln missachtet.
Wenn das Mittel versagt bzw. nach dem Scheitern:	Sie hat das Gefühl, allein zu sein, wird innerlich kalt, resigniert.	Er zieht sich in sich und seine Aktivitäten zurück.
Situation in der Kindheit:	Als 4-Jährige hat sie gelernt, es mit »kargen« Eltern auszuhalten. Sie hat sich in ihre Innenwelt zurückgezogen und aufgehört zu kämpfen, weil es vergeblich schien.	Ein überstrenger autoritärer Vater setzt hohe Normen und verlangt strikte Erfüllung. Der Junge lernt, dass das, was er kann, niemals ausreicht.

Hinweis: Wer bei der Erforschung seiner kleinen Anteile keine entsprechende Situation aus der Kindheit erinnern kann, sollte das nicht überbewerten. Zu wissen, wie das eigene Lebensthema aussieht, ist viel entscheidender als die konkrete Ursache dafür zu kennen.

In dem Beispiel mit Karin und Peter ist es, als würden beide in ihrem gemeinsamen Leben die Luft anhalten. Beide scheinen, entsprechend den als eng erlebten Spielräumen ihres Gegenübers, nur zu funktionieren. Da ist kein Platz für Individualität. Die eigenen Wünsche, Bedürfnisse und Grenzen sind zwar bewusst, werden aber in dem sprachlosen Beziehungsgefüge nicht deutlich kommuniziert.

Lösungsansätze für Karin und Peter

Zunächst sollten beide einen Bezug zu den das aktuelle Geschehen steuernden kleinen Anteilen bekommen, sowohl zu den eigenen als auch zu denen des Partners. Da die kleinen Anteile bei beiden Partnern mit Schweigen und innerem Rückzug arbeiten, sollten sie sich darum kümmern, viele Möglichkeiten zu schaffen, um miteinander zu reden und die innere Isolation zu überwinden bzw. gar nicht erst entstehen zu lassen. Deshalb werden ihnen regelmäßige strukturierte Gespräche (Zwiegespräche[11]) und gemeinsame Aktivitäten »verschrieben«. Da beide jedoch sehr unterschiedliche Interessen haben, sollte die Organisation der Aktivitäten möglichst abwechselnd übernommen werden.

Die kleinen Anteile schaffen eine Situation, die sich anfühlt, als wären beide noch in ihrer Ursprungsfamilie. Karin meint daher, allein zu sein; und Peter fühlt sich nicht dazugehörig. Tatsächlich aber haben sie zusammen schon längst eine Situation geschaffen, die ganz anders aussieht: Sie leben miteinander und geben einander Verlässlichkeit und Bezug. Doch solange die kleinen Anteile regieren, kann ihnen nicht bewusst werden, dass sie längst dort angekommen sind, wo sie immer hinwollten. Beide müssen sich

---

11 Nach M. L. Moeller. Wenn Sie im Internet unter *Zwiegespräche* suchen, werden Sie schnell eine leicht verständliche Anleitung finden. Jedes Paar sollte ab und zu mal ein Zwiegespräch miteinander führen.

DIE KLEINEN ANTEILE BEHERRSCHEN DIE PARTNERSCHAFT

also darin üben, mit ihren kleinen Anteilen so umzugehen, dass diese weniger oft die Führung übernehmen. In Peter und Karins Zweierkonstellation bietet es sich an, immer wieder darüber zu reden, was sie einander bedeuten. Dabei sollten sie auch die positiven Aspekte ihrer Beziehung wieder und wieder herausstellen. Schließlich brauchen beide kleinen Anteile Sicherheit, Dazugehörigkeit, Bezogenheit und Halt. Gelingen wird ihnen dieser Lösungsweg aber erst, wenn sie innerlich auf erwachsene Ich-Anteile umschalten. Insofern trägt die Hauptverantwortung für die zukünftige Veränderung jede/r für sich. Für Karin heißt das konkret, dass sie endlich in der Sicherheit ankommen muss, die bereits in ihrem Leben existiert, und für Peter, endlich zu lernen, dass er tatsächlich dazugehört und um seinen Platz nicht zu bangen braucht.

Szene IX - Neele und Mike

»**Wir** sind unzufrieden mit der Beziehung«, erklärt Neele als Sprecherin für das Paar. Und auch Mike spricht in der Wir-Form: »Wir streiten oft über Kleinigkeiten, sind seit fast zwei Jahren in einer Krise.« Dann fährt er fort, dass er sich häufig nicht gewürdigt und ausgeschlossen fühlt. Es sei, sagt er, als würden Neele und die gemeinsame Tochter Victoria (12) gemeinsam eine Front gegen ihn aufbauen.

Mike fühlt sich in seinem Bemühen um die Familie nicht verstanden und hat oft den Eindruck, infrage gestellt zu werden. Als Reaktion darauf versucht er, sein Leben allein zu bewerkstelligen. Gesprächen und Konfrontationen weicht er aus. »Es bringt sowieso nichts, mich mit ihr auseinanderzusetzen.« Auch um die Beziehung kämpft er nicht mehr; vor kurzem ist er sogar aus der gemeinsamen Wohnung ausgezogen. Seiner Ansicht nach begann die Krise, als Victoria in die Pubertät kam.

> **Neele** beklagt, dass zwischen ihr und Mike nichts Gemeinsames mehr sei. Mike ziehe sich aus allem heraus und wolle nichts mehr mit ihr unternehmen. Sich selbst erlebt Neele als zu nachgiebig, sie bedauert, dass sie ihre Wünsche nicht deutlicher rüberbringen kann. Ein Grund dafür sei aber auch, dass Mike auf jede Kritik so hart reagiere. Für sie aber sei Harmonie das Wichtigste in der Familie, weshalb sie so vieles hinnehme. Gleichzeitig hat Neele jedoch das Gefühl, sich selbst als Person immer wieder aus den Augen zu verlieren. Und um sich selbst zu finden, braucht sie Abstand …

Offenbar haben Neele und Mike viele Jahre lang ein »Wir« gelebt, in dem sie als individuelle Wesen zu wenig vorkamen. Als die Tochter dann in die Pubertät kam und nach ihrer eigenen Identität suchte, brach die Krise aus. Denn in der bisherigen Beziehungskonstruktion war kein Platz für individuelle Belange.

Die erkennbaren kleinen Ich-Anteile finden Sie hier:

	Neele	Mike
Grundthema, Suche, Bedürfnis nach:	Sie sehnt sich nach äußerer Harmonie, in der sie sich entdecken und entfalten kann. Sie will verstanden werden und hören, dass sie gut ist.	Er sucht einen familiären Rahmen, in dem er als gleichwertig dazugehörend angesehen wird.
Mittel der Bewältigung:	Sie passt sich an, gibt Eigenes auf.	Er übernimmt Verantwortung, gibt die Richtung vor, aber auch die Regeln.
Als Scheitern wird erlebt:	Disharmonie, Streit	Sich ausgegrenzt zu fühlen, Streitgespräche
Wenn das Mittel versagt bzw. nach dem Scheitern:	Erst innerer Rückzug, dann Verzweiflung und Zorn	Er zieht sich in sich zurück, gibt auf, lebt sein Leben allein, arbeitet permanent.

DIE KLEINEN ANTEILE BEHERRSCHEN DIE PARTNERSCHAFT

Situation in der Kindheit:	Eine dominante Mutter lässt ihr keinen Spielraum für ihre eigenen kraftvoll-lebendigen Seiten.	Ein Vater, der in der Kindheit wegging, und eine zu schwache Mutter lassen in dem kleinen Jungen die Überzeugung entstehen, nicht zu genügen.

Mikes kleiner Anteil versucht, den in der Kindheit verloren gegangenen Rahmen der geschlossenen Familie durch seine Führung, seine Leistung und seine Regeln zu etablieren. Da er damit aber keinen Erfolg erlebt, verhält er sich wie in der Kindheit: Er gibt innerlich auf und lebt sein Leben allein.

Neeles kleiner Anteil passt sich wie in der Kindheit an die Vorgaben der Mutter (heute: Mike) an, um Harmonie zu erzeugen. Da sie sich dadurch selbst unsichtbar macht, ist sie für Mike (wie sein fehlender Vater und seine schwache Mutter) kein Gegenüber.

Beide zeigen sich grenzenlos: Neele in Anpassung und Selbstrücknahme, Mike in der Leistung. Beide brauchen deshalb ein Bewusstmachen und Beachten der eigenen Grenzen. Und beide erleben sie ihr Bemühen als vergeblich (weil es damals auch vergeblich war). Obwohl eigentlich alles, was sie brauchen, da ist. Mike kann den Rahmen und die Orientierung geben, in dem Neele mit ihrer Sensibilität für Harmonie sorgen kann, die letztlich beide brauchen.

Auch hier sind die Notwendigkeiten, Ziele und dazugehörigen Aufgabenstellungen relativ schnell klar: Neele muss eine Balance finden, in der sie die Führung durch Mike so weit zulässt und positiv beantwortet, wie es für sie angenehm ist. Sie muss also zunächst ein Gefühl für ihre Grenzen bekommen und diese frühzeitig kommunizieren. Da sie Mikes Führungsfähigkeiten gut gebrauchen kann, sollte sie ihm ruhig ab und zu spiegeln, was ihr an ihm gefällt. Für die Entfaltung ihrer Lebendigkeit aber muss sie selber die Verantwortung und Führung übernehmen. Deshalb sollte Mike auch Neele mal die Führung überlassen. Dass er Neeles Fähigkeit zu Spontaneität und Empathie bewundert, sollte er ihr unbedingt öfter sagen und sich darin ruhig an ihr orientieren. Er muss lernen, die Wertschätzung, die er sucht, sowohl sich selber als auch anderen zu schenken. Die Wertschätzung der eigenen Person könnte sich bei Mike z. B. in bewusst reduzierter Arbeitsleistung ausdrücken. Indem also Neele ihre eigenen Grenzen kommuniziert, könnte sie Mike in der Suche nach eigenen Grenzen unterstützen.

Szene X – Patrick und Mandy

Hier der dominierende Mann, der alle Aufmerksamkeit auf sich zieht, dort seine Frau, die sich duckt und ihm dient, ihm alles abnimmt und in der Paardynamik offenbar »den Kürzeren« zieht.

Er ist von großer Statur, steht aufrecht, ist sorgsam gekleidet und wirkt selbstbewusst. Er führt die Familie und das Wort. Sie hingegen gibt sich wie ein graues Mäuschen, farblos, ungeschminkt, schlecht frisiert und nachlässig gekleidet.

Patrick ist es auch, der sie beide in die Paartherapie gelenkt hat und nun das Gespräch einleitet. Er führt aus, wie unzufrieden er mit seiner Frau sei. Er spiele mit dem Gedanken, sich von ihr zu trennen. Es störe ihn, dass von ihr so wenig Eigeninitiative ausgehe. Alle Aktivitäten, in der Freizeit wie im Urlaub, selbst das tägliche Fernsehprogramm müsse er in Gang bringen. Er habe keine Lust mehr, für alles verantwortlich zu sein. Seine Frau sei ihm inzwischen zu langweilig. Ihre Gedanken drehten sich offensichtlich nur noch um das Geschehen innerhalb der Wohnung. Auch kümmere sie sich zu wenig um sich selbst, mache sich nie hübsch, gehe im Jogginganzug einkaufen, was ihm peinlich sei. Kritisiert er sie, beginne sie keifen und ihm vorzuwerfen, er sei zu oft weg, helfe ihr nie im Haushalt – immer drehe es sich nur um ihn.

Von Mandy ist zunächst nur zu erfahren, dass sie sich auf die Paartherapie eingelassen habe, weil sie befürchte, ihren Mann zu verlieren. Sie selbst sei mit der Beziehung meist zufrieden. Die Unzufriedenheit ihres Mannes könne sie zwar nachvollziehen, aber sie sei nun mal so. Sie finde es gut, wenn er entscheide. Ihm falle das doch auch leicht, ihr dagegen schwer. Es sei doch eine gute Aufteilung, er kümmere sich um das Außen, sie um das Innen.

Ein typischer Streit läuft etwa so ab:

> **Patrick**: (kommt nach zwölf Stunden Arbeit erschöpft nach Hause und reagiert genervt, wenn sie fragt, was sie sich denn nun im Fernsehen anschauen sollen) »Kannst du auch irgendwas ohne mich entscheiden?«
>
> **Mandy**: (schweigt, was ihn noch mehr provoziert)
>
> **Patrick**: »Ich bin erschöpft. Ich habe den ganzen Tag, meinen Kunden die Entscheidungen abgenommen, ich brauche es einfach, dass von dir auch mal was kommt. Sag du doch mal, wo es heute Abend lang gehen soll. Das will ich nicht auch noch entscheiden müssen. Alles mache ich alleine, wann kann ich mich mal irgendwo einfach dranhängen? Für mich ist nie einer da. Als ob ich gar nicht existiere.«
>
> **Mandy**: (schweigt noch einen Moment, dann aber fängt sie auch an) »Es geht hier doch immer nur um dich. Wer hier nicht existiert, bin doch ich. Den ganzen Tag bist du nicht da. Die Kinder fragen mir ein Loch in den Bauch. Ich entscheide, was zu tun ist mit ihrer Schule und ihren Klamotten und ihren Problemen. Ich entscheide, was einzukaufen ist und was hier auf den Tisch kommt. Ich sorge dafür, dass du deiner Arbeit nachgehen und da draußen Ruhm und Ehre einfahren kannst. Aber wer gibt mir Anerkennung? Wer sieht, was ich tue? Niemand.«

Eine Weile geht es so hin und her. Irgendwann verlässt Patrick die Wohnung setzt sich in die Gastwirtschaft um die Ecke. Einige Zeit später legt Mandy sich frustriert ins Bett, nachdem sie Patricks Bettzeug ins Wohnzimmer gebracht hat. Am nächsten Tag weichen sie einander aus. Erst am nächsten Abend ist wieder alles normal.

Welche kleinen Anteile sind hier zu erkennen? Die Auflistung sähe hier ähnlich aus wie bei Mike und Neele. Beide suchen grundsätzlich nach Anerkennung ihrer jeweiligen Leistung und brauchen familiäre Harmonie, in der die eigenen Belange berücksichtigt werden. Um das zu erreichen, überschreiten beide ihre eigenen Grenzen: Patrick passt sich den Kunden und den vermeintlichen Erfordernissen seiner Arbeit an, Mandy nimmt seine schlechte Laune und ihre Rolle als einziger Bezugspunkt für die Kinder hin. Sein Lösungsweg ist es, sich groß, unerschütterlich und stark (im Berufsleben, oft auch in der Familie) zu zeigen. »Ich trage alles«, lautet die innere Überschrift.

Mandy arbeitet mit stiller Anpassung und damit, sich eher unsichtbar zu machen.

Somit wirkt er wie der Gewinner in der Ehe, sie wie die Verliererin. Tatsächlich aber haben beide ein vergleichbares Lebensthema. Beide fühlen sich nicht gesehen, »... als ob ich nicht existiere«.

Wiederum ergeben sich daraus zwei Aufgabenfelder:

Mandy und Patrick sollten miteinander eine Atmosphäre gegenseitiger Wertschätzung aufbauen, in der auch die kleinen Anteile akzeptiert werden. Sie sollten darüber reden, was sie füreinander tun und was sie voneinander brauchen. Für Patrick war es überraschend, dass Mandy gar nicht wusste, wie unattraktiv er ihr Auftreten im Alltag findet. Und seinerseits wusste er nicht, dass Mandy öfter seine Unterstützung bei den Kindern und der Haushaltsführung brauchte. Nichtwissen auf beiden Seiten also. Kein Wunder, denn die zu Hause führenden kleinen Anteile arbeiten mit Schweigen, Aushalten, Anpassen und Leistung. Was fehlt, sind miteinander sprechen, sich mitteilen und zuhören.

Der zweite Aufgabenbereich betrifft erneut die Verantwortung, die beide für sich selbst haben. Mandy und Patrick müssen jeweils lernen, das in ihr Leben zu bringen, was die kleinen Anteile brauchen. Patrick sollte weniger oft die Lasten anderer (hier vor allem die der Kunden) tragen, sich ruhig mal als weniger stark präsentieren. Stattdessen muss er die Anerkennung, die es in seinem Leben vielfach gibt, mehr an sich heranlassen, sie also nicht länger abtun und ignorieren. Patrick muss erkennen und anerkennen, dass er die Anerkennung von außen braucht, um die, die er bekommt, auch anzunehmen. Auch Mandy muss in ähnlicher Weise Verantwortung für sich übernehmen. Die äußere familiäre Sicherheit, die sie für ihren Mann und die Kinder jeden Tag errichtet, muss auch innerlich bei ihr ankommen. Denn bislang nimmt sie diese kaum wahr, weil ihr regierender kleiner Anteil davon überzeugt ist, dass es Sicherheit nicht gibt. Wenn es Mandy gelingt, in der Erwachsenenwirklichkeit anzukommen, würde sie auch merken, dass sie sich nicht unsichtbar zu machen braucht, dass es hier auch für sie sichere Entfaltungsräume gibt. Vermutlich würde sie dann automatisch anfangen, sich zurechtzumachen, sich zu zeigen, ihr äußeres Erscheinungsbild ebenso wie eigene Interessen und Wünsche.

Und beide könnten für ihre Entwicklung voneinander lernen: Patrick könnte von Mandy lernen, sich mehr auf sein Zuhause zu beziehen und so die familiäre Bezogenheit wahrzunehmen, die er dringend braucht. Zudem könnte er sich von Mandy abgucken, sich mal zurückzuhalten und sich nicht immer vor anderen so zu präsentieren, als könnte jedermann seine Last auf seine Schulter wuchten. Würde er sich im Kontakt mit anderen mal (wie Mandy) »unsichtbar« machen, könnte er erleben, dass es auch andere gibt, die sich in dem Moment zuständig fühlen.

Mandy ihrerseits könnte von Patrick lernen, sich mal mehr hervorzutun, sich sichtbar zu machen, um so Anerkennung und Lob für das zu bekommen, was sie ist und tut. Ebenso könnte sie von ihm lernen, hinauszugehen, sich mit anderen auseinanderzusetzen und Entscheidungen zu treffen. Auf diese Weise würde sie erfahren, dass es auch für sie einen Platz im Miteinander gibt.

TEIL 3

VOM UMGANG MIT DEN KLEINEN

Drei wertvolle Regeln

> **[Regel 1] Die kleinen Anteile voneinander fernhalten**
>
> Wenn die kleinen Anteile der beiden Partner aufeinandertreffen, kommt es meist zu verletzenden Streitigkeiten.
> Eine Begegnung der beiden Kleinen ist daher nicht sinnvoll und schadet der Beziehung.
> Die Partner sollten den Kontakt unterbrechen, und jeder sollte auf seine Weise versuchen, wieder in einen erwachsenen Anteil zurückzufinden, z. B. mit Arbeit, über das Gespräch mit Dritten, spazieren gehen, Meditation et cetera.

Diese Regel gilt nicht für alle Zeiten. Hat jeder Partner gelernt, mit seinem kleinen Anteil adäquat umzugehen, kann auch eine Begegnung zwischen den beiden Kleinen ohne Streit ablaufen. Zu Beginn der gemeinsamen Beziehungsarbeit sollte die Regel 1 aber unbedingt beachtet werden; denn die Konkurrenz zwischen den Kleinen kann bisweilen so stark sein, dass die Auseinandersetzungen extrem schmerzhaft werden.

[Regel 2] Verantwortung für den eigenen »kleinen Anteil« übernehmen

Jeder Partner ist selber für seine(n) »kleine(n)« Ich-Anteil(e) verantwortlich. Es ist also nicht die Aufgabe des anderen, kleine Anteile des Partners zufriedenzustellen, zu heilen oder zu versorgen.

Diese Regel ist für den gesamten Lern- und Veränderungsprozess enorm wichtig – und eine Entlastung der Partnerschaft.

[Regel 3] Die kleinen Anteile des anderen akzeptieren

Für ein gutes Miteinander ist ein Mindestmaß an Akzeptanz gegenüber allen »Familienmitgliedern«, sprich auch der kleinen Anteile des Partners unerlässlich. Sonst ist kein gemeinsames Wachstum möglich.

Regel 3 fordert alle Beteiligten an dem Prozess der Neugestaltung heraus, den vermeintlichen »Störern« mit Akzeptanz und Wertschätzung zu begegnen – den eigenen kleinen Anteilen also ebenso wie den kleinen Anteilen des Partners.

Das gilt übrigens auch für den Paartherapeuten und jeden anderen, der mit kleinen Anteilen arbeitet. Bei allem Bemühen, Zugang zu den erwachsenen Anteilen zu finden, sollte er stets die Bereitschaft haben, einem kleinen (hartnäckigen) Anteil Aufmerksamkeit und Achtung zu schenken.

Das Ziel ist es, große und kleine Anteile irgendwann friedlich miteinander leben zu lassen. Dabei haben aber, wie in einer richtigen Familie, die großen die kleinen immer im Blick. Sie passen auf, dass diese nicht allein mit schwierigen Situationen umgehen müssen. In Stresssituationen müssen die kleinen an die Hand genommen werden. Damit sich ein kleiner Anteil an die Hand nehmen lässt, muss man ihm mit Achtung begegnen und ihn in seiner Existenz anerkennen. Ganz so, als wäre er eine eigenständige Person.

Selbstverantwortung

Die Selbstverantwortung für die eigenen kleinen Anteile [Regel 2] ist für manch einen alles andere als selbstverständlich. Wer gerade von einem kleinen Anteilen gelenkt wird, ist vollkommen überzeugt, dass der Partner der Heilbringende sein soll. Diesem fällt die Aufgabe zu, dafür zu sorgen, dass das eigene Leben friedlicher, besser, liebevoller, intensiver, befriedigender wird. Tritt dies nicht wie erhofft ein, machen sich Spannungen breit.

Den meisten Menschen ist überhaupt nicht klar, wie viel Verantwortung sie an den Partner abgeben – und wie sinnlos das ist. Weil es nicht funktionieren kann. Leidet ein Mensch z. B. unter mangelnder Aufmerksamkeit, kann dies kein anderer Mensch für ihn auflösen. Zwar kann man für den Betroffenen jede Menge Aufmerksamkeit bereitstellen, wird dessen innere Wunden aber nicht heilen können. Nur die betroffene Person selbst hat Zugang zu ihren Wunden und ist in der Lage, diese adäquat zu versorgen. Voraussetzung dafür ist jedoch die eigene Bereitschaft dazu. Solange dieser Mensch also nichts von seinen Wunden und Selbstheilungskräften weiß, wird er lebenslang (meist unbewusst) an andere appellieren, ihm doch endlich die ersehnte Aufmerksamkeit zu schenken – und dabei gar nicht bemerken, wenn längst all das geboten wird, was er braucht. Insofern ist die Einführung in die Arbeit mit den kleinen Anteilen auch eine Einführung in die Aufgabe, für das eigene Leben selber Verantwortung zu übernehmen.

Um diesen Prozess in Gang zu bringen, muss die Dynamik der kleinen Anteile zumindest ansatzweise verstanden werden: Was treiben (meist unbewusst) beide Partner in ihrer Beziehung? Welche Erwartungen und Aufträge bestehen zwischen ihnen? Um das zu erschließen, braucht man sich nur die Berichte, Klagen und aktuellen Nöte des Paares anhören.

Die besondere Herausforderung für beide Partner liegt im Erfassen des eigenen kleinen Anteils. Den Kleinen des anderen zu erkennen fällt den meisten Beteiligten hingegen leicht. Eben deshalb ist das Konzept der kleinen Anteile auch besonders gut vermittelbar. Ist in der Paartherapie von den kleinen Anteilen des einen Partners die Rede, weiß zumindest der andere Partner sofort, was gemeint ist. Denn oft ist ihm dieser Teil des anderen sehr vertraut – nur die Etikettierung kleiner Anteil« ist neu. In den meisten Fällen hat dieser Aspekt des Partners auch schon eine Bezeichnung oder eine Umschreibung wie »Jetzt nervt sie wieder«, »Wie ist er denn jetzt wieder drauf?«, »Ach, ist es nun wieder soweit?«, »Mit dem ist jetzt nicht zu spaßen«, »Sie hat ihre zickigen 5 Minuten«, »Jetzt dreht er wieder am Rad« …

***

Befassen wir uns aber zunächst mit der schwierigeren Aufgabe, die eigenen kleinen Anteile zu erkennen und zu lernen, mit ihnen umzugehen. Zumal vieles davon auch hilfreich ist für den Umgang mit den kleinen Anteilen des Partners.

Die eigenen kleinen Anteile

Vier Schritte zum eigenen kleinen Anteil

»Wenn nicht mein Partner für die Lösung der Probleme meines kleinen Ichs zuständig ist, wer dann?« Die Antwort kennen Sie bereits: Der einzige Erwachsene, der für die Versorgung eines kleinen Anteils zuständig ist, ist die Person, zu der dieser kleine Anteil gehört. Sprich: Jeder ist für seine kleinen Anteile allein zuständig. Nicht anders also als in anderen Bereichen des Lebens: Spätestens nach Verlassen des Elternhauses liegt die Verantwortung für das eigene Leben vollkommen in der eigenen Hand. Das gilt auch für die Heilung der alten Wunden, die zur Bildung dieses kleinen Anteils geführt haben. Dafür muss ein großer Anteil der eigenen Person den kleinen Anteil an die Hand nehmen. Zunächst aber muss der Große den Kontakt zu dem Kleinen herstellen und dessen Vertrauen gewinnen. Dann lässt sich der Kleine gern an die Hand nehmen und schließlich aus dem alten Erleben herausführen. Das Ergebnis: Die Gesamtperson ist nun in sich konsistenter und geschlossener. Sie ist eins mit sich selbst.

Für den Hausgebrauch ist es nicht notwendig, den langen Weg bis zur kompletten »Heilung« zu gehen, um erleichternde Veränderungen im eigenen Leben und insbesondere im Miteinander zu erreichen. Oft genügen schon die ersten vier Schritte:

1. Erkennen, dass es so etwas wie einen kleinen Anteil gibt
2. Verstehen, was der kleine Anteil will, wie er arbeitet, wo seine Grenzen sind und wie er zu befrieden ist
3. Anerkennen, dass der kleine Anteil zu einem gehört, auch wenn er einem vielleicht peinlich oder unangenehm ist
4. Dafür sorgen, dass im eigenen Leben das einzieht, was der Kleine braucht

Schritt 1: Etwas über kleine Anteile wissen

Zunächst ist es notwendig zu wissen, dass es so etwas wie kleine Anteile überhaupt gibt. Wer in diesem Buch bis hierhergekommen ist, sollte diese erste Aufgabe also hinreichend erfüllt haben. Daher hier nur noch eine kurze Zusammenfassung:

- Ein kleiner Anteil entsteht in der Kindheit als Antwort auf das schmerzhafte Erleben von Unstimmigkeiten hinsichtlich emotionaler Grundbedürfnisse. Ob Mangel oder Überforderung, ein Zuviel oder Zuwenig, in jedem Fall ist da etwas (fehlende Liebe, Mangel an Aufmerksamkeit, unzureichende Körperlichkeit, unzureichende Verlässlichkeit, zu viele Anforderungen, zu viel Enge, zu wenig Spielraum, zu wenig Sprache, zu viel Unsicherheit …) so Unangenehmes, dass es im Zentrum der Wahrnehmung steht.
- Dieses Etwas löst ein neues Verhaltensprogramm bzw. einen kleinen Anteil aus. Zumindest für Momente sorgt das neue Verhaltensprogramm für Linderung und Entspannung. Von nun an dient dieser kleine Anteil zum Schutz der Person vor dem unangenehmen Etwas.
- Sobald die damals schwierigen Themen im Leben der erwachsenen Person berührt werden, kommen die entsprechenden kleinen Anteile an die Oberfläche und übernehmen das Handlungsruder.

Schritt 2: Den eigenen kleinen Anteil erkennen

Dieser zweite Schritt kann nur gelingen, wenn der gesuchte kleine Anteil gerade nicht am Werk ist. Denn solange ein kleiner Anteil das Ich-Steuer in der Hand hat kommt man nicht auf die Idee, kritisch auf sich selbst zu schauen, man hat wichtigeres zu tun. Man muss also ein Stück weit »draußen« sein, um einen Blick auf den kleinen Anteil zu gewinnen. In der Therapiesituation hat der Therapeut diese notwendige Distanz; im Alltag ist es hilfreich, immer mal wieder bewusst auf sich selbst zu schauen. Hier ist also

Selbstbeobachtung gefragt: Woran merken Sie, dass gerade ein »Kleiner« regiert? Und wie fühlt es sich an, wenn dies nicht der Fall ist?

Eine mögliche Aufgabenstellung:

Ziehen Sie jeden Abend Bilanz. Blicken Sie auf den Tag zurück und fragen Sie sich, ob und in welcher Situation Sie in einen kleinen Anteil gerutscht sind. Wichtigstes Indiz ist die Grundstimmung. Ein kleiner Anteil übernimmt immer die Führung, wenn etwas Wesentliches wie Bestätigung, Sicherheit und Frieden fehlt. Hat der Kleine dann eine Weile regiert, geht es einem meist schlecht, weil die Mittel der kleinen Anteile in der Regel nicht geeignet sind, die gewünschten Ziele zu erreichen. Die Folge: Man ist angespannt, unruhig, frustriert, enttäuscht, wütend.

Es kann sich aber auch als unangemessener Energieeinsatz äußern, zum Beispiel, wenn man seine Grenze nicht beachtet und zu viel und zu lange an den Aufgaben klebt oder umgekehrt keine Energie für etwas aufbringen kann. Wenn ein Kleiner regiert, stimmt meist irgendetwas nicht. Zu viel, zu wenig, zu schlecht, zu lange, zu kurz, …

Haben Sie eine Situation ausfindig gemacht, fragen Sie sich rückblickend, wie Ihre Befindlichkeit in diesem Moment war: Wie schauten Sie auf die Welt? Was störte? Was war zu viel? Was fehlte, damit es Ihnen besser geht? Vergleichen Sie diese Situationen mal mit solchen Situationen, in denen Sie sich wohlfühlen. Sie können davon ausgehen, dass es Ihnen meist recht gutgeht, wenn ein erwachsener Anteil regiert. Dann scheinen die Probleme des Alltags lösbar, und es gelingt Ihnen, für sich zu sorgen. Sie werden rechtzeitig Grenzen ziehen, selten zu viel essen, anderen nicht zu viel zuhören und auch nicht vollkommen erschöpft von der Arbeit nach Hause kommen. Sehr wertvoll könnte es sein, herauszubekommen, was ist in solchen Situationen entscheidend dafür ist, dass Sie sich so »erwachsen« und stimmig fühlen?

Hier noch ein paar Fragen, die Ihnen bei Ihren Alltagsbeobachtungen helfen können, Klarheit zu gewinnen:

- Was ist das Grundthema? Was fehlt oder wovon ist zu viel vorhanden?
- Mit welchem Mittel versucht der kleine Anteil, die Situation zu lösen, zu entspannen, zu lindern? Mögliche Antworten: Fleiß, Anstrengung, Gehorsam, Bedürfnisverzicht, stark sein, unsichtbar machen.
- Was wird als Scheitern erlebt? Mögliche Antworten: wenn ich zu lange warten musste, wenn ich mich zu sehr angestrengt habe, wenn ich auf zu viel verzichtet habe …
- Wie sieht die Stimmung aus, die nach dem Scheitern entsteht? Mögliche Antworten: Zorn, Verzweiflung, depressive Stimmung, Traurigkeit, Unruhe.
- Wie lässt sich der kleine Anteil befrieden? Mögliche Antworten: Aufmerksamkeit, zuhören, in den Arm nehmen, ihn fragen, was er braucht.

Eigentlich ergibt sich die fünfte Frage aus der ersten. Aber es lohnt sich doch genauer nachzufragen, denn im Einzelfall ist die tatsächliche Befriedung etwas sehr einfaches. In der ersten Frage werden mitunter sehr grundsätzliche Themen benannt: mir fehlt Liebe, Anerkennung, Beachtung, Wertschätzung, o.ä. Als Antwort auf die fünfte Frage kommt meist etwas sehr einfaches heraus: höre mir einfach zu oder streichele mir mal über den Kopf.

Aufzeichnungen erstellen und analysieren

Wenn Sie Ihrem kleinen Anteil mal direkt zuhören wollen, empfehle ich zum Beispiel die Tonaufnahme einer Streitsituation. Fast jedes Handy kann das heutzutage. Das muss aber vorbereitet sein, denn Ihr Partner sollte zugestimmt haben! Ich hatte Klienten, die haben über Wochen den ganzen Tag über einfach alles mitgeschnitten und später herausgefiltert, was für das Paargeschehen wichtig war. Sie könnten Ihr leidvolles Erleben aber auch einer Freundin oder einem Freund erzählen. Ihr Gegenüber sollte versuchen, zentrale Aspekte Ihrer Aussagen mitzuschreiben, oder Ihr Gespräch aufzeichnen. Anschließend werten Sie die Aufzeichnungen gemeinsam aus. Dabei schauen Sie mal nicht auf die Details, sondern suchen nach den emotionalen Themen der Streits. Was ist das, was Ihnen am meisten von Ihrem Partner fehlt? Was werfen Sie ihm/ihr vor? Welche Sätze sprechen Sie dabei immer wieder aus? Verlangen Sie von Ihrem Gegenüber, dass er/sie etwas für Sie tut, zum Beispiel den Müll runterbringen oder Blumen schenken? Dann ist das Thema vielleicht, dass Sie eine Gegenleistung brauchen, vielleicht für das, was sie selber schon (zu viel) eingebracht haben. Es könnte aber auch um Wertschätzung gehen. Der Müll, den der andere trägt, wäre dann die Verneigung vor der eigenen Person. Brauche ich möglicherweise eine Aufwertung, weil ich mich selbst nicht genug wertschätze? Die Blumen könnten auch ein Symbol für Sicherheit sein, weil ich mir selbst und damit vielleicht auch der Beziehung nicht sicher bin ... Es ist also sinnvoll, sehr genau hinzuschauen.

Den Partner fragen

Das ist bisweilen ein besonders einfacher Weg, um den eigenen kleinen Anteilen auf die Spur zu kommen: den eigenen Partner zu befragen. Vor allem wenn dieser auch schon etwas über kleine Anteile weiß, wird er relativ schnell und ziemlich klar benennen können, wo Ihre kleinen Anteile auftauchen, was diese wollen und inwiefern diese ihn nerven.

Wenn man den Partner einbezieht, sollte man aber darauf gefasst sein, Dinge zu hören, die genau diese kleinen Anteile auf den Plan rufen. Man sollte dies also nicht als ersten Schritt unternehmen und vielleicht auch schon den Abschnitt über die Möglichkeiten aus einem kleinen Anteil wieder herauszukommen gelesen haben.

Achtung: Auch wenn es Sie reizt ... Erzählen Sie Ihrem Partner nur etwas über dessen kleinen Anteile, wenn er Sie danach fragt. Andernfalls riskieren Sie einen Streit oder zumindest schlechte Laune. Genau hierin besteht auch der Haken bei dieser Methode: Es könnte sein, dass Sie in eine neue Streitsituation geraten. In dem Fall zeichnen Sie sie möglichst auf (siehe oben).

Den richtigen Sinneskanal entdecken

Die Auslöser für das Auftauchen eines kleinen Anteils können über verschiedene Sinneskanäle erfolgen. Wenn man weiß, auf welchem Sinneskanal man selbst besonders empfänglich ist, ist die Suche nach dem kleinen Anteil oft einfacher. Hinweise auf den bevorzugten Sinneskanal finden sich oft in den eigenen Worten über das Problem. Jemand, der besonders mit dem *Hören* vertraut ist, spricht von: »Das ist mir zu laut«, »Da möchte ich mir die Ohren zuhalten« oder »Es klingt wie ein Orkan«. Einer der als allererstes *fühlt*, berichtet von den Körperempfindungen oder Bewegungsqualitäten, die den Verlauf begleiten: »Dieser Druck im Kopf«, »Mein Magen zieht sich zusammen«, »Ich möchte am liebsten wegrennen«. Steht das *Visuelle* im Vordergrund, heißt es vielleicht: »Ich will das nicht mehr sehen« oder »und dann sehe ich, wie er plötzlich die Tür zumacht«.

Man kann sich allein auf die Suche nach den bevorzugten Sinneskanälen machen (zum Beispiel mit Hilfe einer Tonaufnahme). Aber auch hier ist es leichter, wenn man einen Begleiter hat; denn für einen aufmerksamen Zuhörer ist das ein leichtes Unterfangen.

***

Wenn Sie jetzt noch nicht fündig geworden sind auf Ihrer Suche nach Ihren kleinen Anteilen und deren Nöten oder weitere Details brauchen, dann beantworten Sie sich diese oder ähnliche Fragen:

- Was belastet mich in meinem heutigen Leben am meisten? Was fehlt mir? Was ist mir zu viel?
- Was hat mich in meiner Kindheit am meisten belastet?

Wenn Sie sich an nichts erinnern, ist es auch okay, in der Gegenwart zu bleiben, zum Beispiel mit folgenden Fragen:

- In was investiere ich heute besonders viel Energie? Was

will ich damit erreichen?
- Für welches Geschehen wäre/bin ich heute besonders dankbar? Warum ist das so wichtig?

Die eigenen Wünsche betrachten

Eine weitere Möglichkeit hier zusätzliche Erkenntnisse zu gewinnen besteht darin, die eigenen Wünsche zu befragen.

1. Was wünschen Sie sich für einen idealen Urlaub?
2. Was würden Sie tun, wie sähe Ihr Leben aus, wenn Sie eine Million Euro im Lotto gewännen?
3. Beschreiben Sie Ihren idealen Arbeitsplatz.
4. Natürlich können Sie auch ganz einfach formulieren, was Sie sich von Ihrem Partner wünschen. Was fehlt in Ihrer Beziehung am dringendsten?

Versuchen Sie mal, Ihre jeweilige Antwort möglichst fantasievoll auszuschmücken. Denn in dem, was und wie Sie beschreiben, drückt sich aus, was in Ihrem Leben fehlt. Sie werden also stets über Ihr Herzensthema reden. Mal wird es direkt ausgesprochen, an anderen Stellen in der Umkehrung. Manchmal muss man auch ein bisschen suchen.

***

Den meisten Menschen gelingt es auf den hier vorgestellten Wegen relativ schnell, einen kleinen Anteil zu entdecken sowie Informationen darüber zu bekommen, was ihn hervorkommen und was ihn wieder verschwinden lässt. Hier zwei Berichte:

Szenen

Christoph: »Das ist wohl ein kleiner Anteil, der mich da bewegt: Wenn ich im Auto unterwegs bin und mir jede rote Ampel zu viel ist. Ich empfinde die anderen Autofahrer als störend. Das Auto vor mir ist mir immer zu langsam. Ich nehme es persönlich, dass der vor mir genau die vorgeschriebene Geschwindigkeit einhält. Wieso nicht ein paar Prozent schneller? Die Radarfallen tolerieren doch auch 10% mehr. Ich erlebe die anderen Autofahrer als Behinderung, fühle mich beengt. Auf der Welt ist nicht genug Platz für mich. Innerlich ganz ruhig fühle ich mich, wenn ich Zeit habe. Es können auch Pflichten da sein, aber eben ohne Zeitdruck. Wenn ich so viel Zeit habe, dass ich auch mal in ein Buch schauen oder einfach gar nichts machen kann. Wenn das eine Weile geht, fühle ich mich kraftvoll, bekomme Lust, mich zu bewegen oder etwas zu unternehmen.«

Yvonne erzählt: »Ich vermute, dass das ein kleiner Anteil war ... Am Montag klingele ich bei der Nachbarin und biete ihr an, mit ihr eine Einkaufsfahrt zu machen. Wir fahren wie immer mit meinem Auto, sind einige Stunden unterwegs, und danach bin ich vollkommen erschöpft. Es hat nicht wirklich Spaß gemacht. Es fühlte sich fast wie eine Pflicht an. Einen erwachsenen Anteil, so wie Sie ihn beschreiben, erlebe ich nur, wenn mein Sohn da ist. Ich glaube, weil der mich einfach so nimmt, wie ich bin, mich mag und nichts von mir will. Der ist für mich da. Dann bin ich innerlich ganz gelassen, fühle mich leicht und erzähle auch mal einen Witz.«

Schritt 3: Den kleinen Anteil als Teil der eigenen Person annehmen

Die nächste Aufgabe besteht darin, ein Verständnis für die eigenen kleinen Anteile zu entwickeln. Wenn Sie diese Seite von sich ablehnen, weil Sie Ihnen Angst macht, oder Sie sich ihrer schämen, wird es Ihnen schwerfallen, diesen Teil zu kontrollieren. Dafür müssen Sie einen Weg finden, diesen Aspekt Ihrer Person zu respektieren. Nur dann werden Sie mit ihm kommunizieren können und Wege finden, ihn innerhalb seiner begrenzten Weltsicht und emotionalen Fixiertheit zu erreichen und zu befrieden.

Für viele ist es überhaupt kein Problem, aber manche haben Schwierigkeiten damit, so etwas wie einen kleinen Anteil anzuerkennen. Es fällt ihnen schwer hinzunehmen, dass es da etwas in der eigenen Person gibt, von dem sie bisher nichts wussten und über das sie bislang offensichtlich keine Verfügungsgewalt haben. Für Menschen, für die es wichtig ist, in ihrem Leben die Kontrolle zu haben und den Überblick über alles, was geschieht, ist dieser Schritt eine echte Herausforderung. Entweder sie steigen an der Stelle aus – gemäß der Überzeugung: »Was nicht sein darf, das nicht sein kann« –, oder sie stürzen sich auf diesen bisher unkontrollierten Bereich, um ihn sich untertan zu machen.

Wir leben in einer Leistungsgesellschaft. Richtig zu sein, alles richtig zu machen, mithalten zu können, (hoch-)leistungsfähig zu sein, das sind für die meisten Menschen zentrale Leitgedanken. Und dann kommt jemand daher und behauptet, man habe Anteile, die den Prozess des Miteinanders stören, belasten und viele persönliche Schwierigkeiten verursachen? Das klingt für manch einen zunächst nach fehlerhaft sein, nicht funktionieren, im Weg stehen, nicht perfekt sein und nicht mithalten können. Vor allem Menschen, die einen kleinen Anteil haben, dessen Themen mit Anerkennung, Wert sein, Beachtung und Ähnlichem zu tun haben, werden besonders empfindlich reagieren. Denn ganz schnell kommt genau dieser kleine Anteil ans Ruder und wird sich dagegen wehren, in so ein »schlechtes« Licht gerückt zu werden.

Schritt 4: Dem kleinen Anteil geben, was er braucht

Zum einen geht es darum, neue Wege zu finden, um das, was Sie brauchen, von den Menschen in Ihrer Umgebung zu bekommen. Zum anderen ist es genauso wichtig zu lernen, dass Sie es sich selbst schenken können.

Mit dem Partner über die eigenen Wünsche sprechen

Wenn Sie inzwischen wissen, um welche Themen Ihr kleiner Anteil kreist, müssen Sie nun dafür sorgen, dass das, was der kleine Anteil so dringend braucht, in Ihrem Leben einen höheren Stellenwert bekommt. Wenn Ihr kleiner Anteil sich dafür verantwortlich fühlt, dass Sie mehr Anerkennung bekommen (und Sie dafür z. B. fleißig, brav, gebend oder aufmerksam sind), müssen Sie mit neuen (erwachsenen) Mitteln für mehr Anerkennung in Ihrem Leben sorgen. Haben Sie z. B. bisher jeden Abend den Abwasch gemacht, möglicherweise in der Hoffnung, damit etwas zu erreichen, dann sollten Sie diese Dienstleistung jetzt nicht mehr sprachlos erbringen. Um das Abwaschthema müssen Sie sich aber natürlich nur dann kümmern, wenn hier ein kleiner Anteil am Werk ist. Sollte es Ihnen hingegen Spaß machen und Sie es in Frieden, mit Freude und Leichtigkeit machen, ist kaum ein kleiner Anteil beteiligt. Machen Sie es jedoch mit innerer Spannung und schielen dabei vielleicht auf den Partner, der es schon wieder nicht registriert, was Sie gerade für ihn bzw. die Familie tun, dann sind Sie innerlich in Unfrieden, und es gibt Handlungsbedarf.

Ein möglicher Ansatz: Sie vermitteln dem Partner Ihren Wunsch nach Beachtung. Sie sollten dies allerdings in einer entspannten Situation machen; sagen Sie es ihm also nicht aus dem momentanen Frust heraus. Sonst brechen Sie vermutlich einen Streit vom Zaun, weil er es als Vorwurf versteht. Die Folge: Er schlägt Ihnen als Antwort seinen Frust um die Ohren. Denn wahrscheinlich hat auch er Felder, in denen er auf Ihre Aufmerksamkeit wartet.

Gut geeignete Gesprächssituationen sind Augenblicke, die beide als angenehm erleben und in denen beide relativ entspannt sind. Häufig werden Spaziergänge so erlebt, ein gemeinsames Essen im Restaurant und Situationen im Urlaub. Laden Sie Ihren Partner zu einer für Sie »guten Situation« ein, oder warten Sie, bis sich so eine von alleine ergibt. Hilfreich ist es auch, den anderen vorher zu fragen, ob es für ihn okay ist, wenn Sie etwas Problematisches ansprechen.

Wenn Ihr Partner zu allem »nein« sagt, weil er sich der für ihn vermeintlich unangenehmen Situation entziehen will, dann ist er selbst noch von einem kleinen Anteil geführt. In diesem Fall müssen Sie zunächst Wege finden, um zu seinem erwachsenen Anteil durchzudringen. Das ist Thema des nächsten Kapitels. Wenn Sie aber jetzt schon etwas für sich tun wollen, blättern Sie einfach ein paar Seiten vor zum Abschnitt: »Nicht nur auf den Partner schauen« (Seite 116).

Willigt Ihr Partner in die Gespräche ein, kann es – vor allem bei sehr impulsiven Personen – ratsam sein, Regeln zu vereinbaren. Zum Beispiel:

> »Alles was ich sage, handelt von mir und meinen Problemen. Ich will dir nur etwas von meinen Schwächen und Bedürfnissen mitteilen.«

Sie könnten ergänzen:

> »Danach bin ich auch gerne bereit, mir deine Wünsche und Bedürfnisse anzuhören.«

Hat er/sie sich bereit erklärt, Ihnen friedlich zuzuhören und es nicht persönlich zu nehmen, dann erzählen Sie. Beispiel:

> »Ich wasche überhaupt nicht gerne ab. Ich tue es für dich. Ich will dir einen Gefallen tun, will dich entlasten, weil du so viel anderes zu tun hast. Aber ich habe das Gefühl, dass es bei dir gar nicht als das Geschenk ankommt, als das es gemeint ist.«

Ist das erst mal gesagt, könnten Sie diese Aussage noch ergänzen:

> »Ein ganz selbstloses Geschenk ist es aber nicht. Ich wasche ab, weil ich damit zeigen will, dass ich auch einen Betrag leiste. Ich wasche ab, weil ich etwas von dir möchte. Ich brauche deine wertschätzende Wahrnehmung, von dem, was ich tue. … und weißt Du, wie Du mir das am besten zeigen könntest? Stell dich z.b. mal neben mich, nehme mich in den Arm und sage: Danke mein Schatz, dass Du das jetzt machst. Ich weiß, dass du das nicht gerne machst und deswegen danke ich Dir umso mehr.«

Hat Ihr Partner bis hierher ruhig zugehört, dann kann er noch mehr aushalten. Bevor Sie ihm das Wort übergeben, hängen Sie vielleicht noch folgendes an:

> »Und am besten wäre es für mich, wenn Du Dir dann ein Handtuch schnappst oder einen Lappen und mir dann noch etwas mithilfst. Alternativ könntest Du mich auch fragen, ob ich mir etwas dafür als Ausgleich wünsche. Mir würde bestimmt sofort etwas einfallen.«

Hier geht es also darum, die Passivität des kleinen Anteils zu überwinden und von Anfang bis zum Ende die Verantwortung dafür zu übernehmen, dass die eigenen Bedürfnisse und Wünsche klar und deutlich vernehmbar werden.

Für den eigenen kleinen Anteil zu sorgen, heißt auch, für ihn zu sprechen. Für ein Kind bzw. kleine Anteile ist es angemessen, auf die Aufmerksamkeit der Erwachsenen Begleiter zu warten. Das heißt, dass kleine Anteile meist schweigen und abwarten. Sie werden selten aktiv das einfordern, was sie brauchen. Für einen Erwachsenen ist das aber nicht dienlich, denn unter Erwachsenen gilt nun mal die Annahme:

Es ist alles so lange okay, solange keiner etwas Gegenteiliges sagt.

Wenn sich ein Erwachsener zu viel auflädt, zu lange arbeitet oder sonst irgendetwas tut, worunter er selber leidet, dann gehen die anderen Erwachsenen in seiner Umgebung zunächst davon aus, dass der ja weiß, was er tut. Ihn auf die scheinbare Unstimmigkeit anzusprechen, würde von vielen sogar als Eingriff oder Angriff verstanden werden. So als würde man den anderen nicht für voll nehmen und meinen, ihn erziehen zu müssen. Wenn Sie also nicht anfangen über das zu reden, was sie bewegt, dann wird im schlechtesten Fall niemand in Ihrer Umgebung je etwas davon erfahren.

Gebrauchsanleitungen vermitteln

Für manchen klingt es seltsam, dem anderen zu sagen, was man selber von ihm wünscht. Nach dem Motto: »Ich will die Blumen als Überraschung und möchte sie nicht vorher bestellen müssen. Wenn ich das tue, ist es ja keine Überraschung und kommt auch nicht aus Liebe, sondern aus Gehorsam«. Solche Sätze werden von der Überzeugung geleitet, dass Liebe bedeutet, dass beide hellseherisch voneinander wissen müssten, was sie brauchen. Und im Umkehrschluss bedeutet die nicht erfolgte Wunscherfüllung, dass der Andere einen nicht liebt. Das halte ich für einen Irrtum und für eine Falle. Beide Partner stammen aus unterschiedlichen Familien mit womöglich sehr unterschiedlichen Gewohnheiten, Regeln und Erwartungen. Außerdem sind sie meist verschiedenen Geschlechts, haben also von daher auch einen anderen Blick auf die Welt und gehen mit vielen Themen vollkommen verschieden um. Was für den einen selbstverständlich ist, kann für den anderen vollkommen fremd und unbekannt sein. Um hier einen Weg zu finden, miteinander klar zu kommen, braucht es eben oft vieler Worte. Und bei manchen Belangen ist es nicht verkehrt, dem anderen auch eine Gebrauchsanleitung für die eigene Person zu geben. Sie glauben nicht, wie erleichternd das manchmal für den anderen sein kann.

Es geht nicht darum, zukünftig jedes Mal ihren Partner erst nerven zu müssen, um den Blumenstrauß zu kriegen, den Sie sich wünschen. Diese Aufgabe stellt sich so nur am Anfang. Sagen Sie ihrem Gegenüber, wann Sie Blumen wünschen und wann nicht. Vermitteln Sie auch, welche es sein sollen und welche nicht. Manche Frau hat nicht nur ihre Lieblingsblume, sondern auch ihren Lieblingsblumenhändler. Ist dem so, scheuen Sie sich nicht, dies kund zu tun. Hier geht es darum, dem anderen Partner etwas über die eigene Person zu vermitteln. Wenn Sie es nicht tun, tut es kein anderer und Ihr Partner wird vielleicht niemals das gewünschte Verhalten zeigen.

Für die Paare in meiner Sprechstunde war es immer sehr hilfreich mal eine »Gebrauchsanleitung« für den Umgang mit dem anderen zu bekommen. Also mal zu hören, was der andere in bestimmten Situationen erwartet und braucht.

Nicht nur auf den Partner blicken

Gemäß der Überzeugung [Regel 2], siehe Seite 100, dass der Partner nicht zuständig für die Lösung der Probleme des eigenen kleinen Anteils ist, sollte bei der Suche nach Lösungen bzw. Linderung der Not des Kleinen, der Blick auch mal in ganz andere Richtungen gehen. Natürlich macht es Sinn, zunächst den eigenen Partner um Hilfe zu bitten, aber in vielen Fällen würde die ausschließliche Ausrichtung auf diese eine Person auf eine Überforderung hinaus laufen.

Auch von Freunden, Bekannten und Kollegen kann man sich Aufmerksamkeit, Wertschätzung, Anerkennung und manchmal auch liebevolle Begleitung holen. Auch hier ist das zentrale Mittel, damit anzufangen, über eigene Bedürfnisse, Wünsche und Grenzen zu reden.

Wenn Sie innerlich auf diese Zeilen mit: »Geht nicht«, »passt nicht«, » ist eine Überforderung« oder ähnlichem reagieren, sind Sie mit großer Wahrscheinlichkeit gerade unter der Führung eines kleinen Anteils. Die Kleinen sind eher vorsichtig und pessimistisch eingestellt - und sehen die tatsächlichen Möglichkeiten der gegebenen Realität dabei nicht. Unter Erwachsenen ist mehr möglich, als die meisten glauben. Sollten sich Ihre Freunde abwenden, nachdem Sie angefangen haben über eigene Belange zu reden, dann waren das wohl keine Freunde, sondern vermutlich nur Nutznießer des Kontaktes zu Ihnen.

Natürlich sollte man am Arbeitsplatz sorgfältig schauen, wem man sich mit seinen privaten Thema mehr öffnet und wem nicht. Oft ist dies aber gar nicht notwendig. Denn auch wenn Sie sich, auf die Sachthemen der Arbeit bezogen deutlich machen, werden Sie besser wahrgenommen und bekommen die Wertschätzung die Sie brauchen. Hier geht es dann vielleicht darum, sich nicht zu viele Aufgaben überhelfen zu lassen oder immer mehr Spätschichten zu machen als andere. Hier heißen die Worte nicht: »Ich brauche Anerkennung meiner Tätigkeit« – dies könnte als Schwäche ausgelegt werden - sondern: »Ich verlange Gerechtigkeit, ich habe schon drei Spätschichten gemacht, andere sind jetzt dran.« Oder: »Ich habe in den letzten Wochen jeden Tag den Kaffee gekocht, jetzt will ich mal eine volle Kanne vorfinden.«

Sollten Sie in der Beziehung vielleicht darunter leiden, dass Sie vieles nicht mit dem Partner bereden können, suchen Sie sich jemand anderes zum Reden. Einen Freund, Bekannten, Kollegen et cetera. Kommen Sie zu selten raus, weil der Partner bremst, dann gehen Sie alleine oder mit jemand anderem. Dasselbe gilt für sportliche, künstlerische, politische oder sonstige Aktivitäten. Will der Partner nicht mit oder kann es nicht, nehmen Sie Ihr Interesse selber in die Hand. Überlassen Sie sich nicht dem Verzicht der kleinen Anteile auf die Entfaltung eines eigenen Lebens.

Das kann im Einzelfall auch umgekehrt sein. Denn es gibt auch kleine Anteile, die einen von einer Aktivität zur nächsten jagen, vielleicht, weil der Freund das will, vielleicht, weil das Selbstbild des Kleinen es von Ihnen fordert, aktiv, dynamisch, lustig, offen, kraftvoll ... zu sein, vielleicht um dazuzugehören – dann wird es Zeit, auch mal zu bremsen. Hier ist wiederum die Aufgabe, dafür zu sorgen, dass in Ihrem Leben nur geschieht, was für Sie stimmig ist.

Das eigene erwachsene Ich ist die wichtigste Instanz

Sie selber – angesprochen wird jetzt gerade Ihr »erwachsenes« Ich – spielen die Hauptrolle bei der Befriedung und Integration Ihrer kleinen Anteile. Das erwachsene Ich soll kritisch auf das eigene Leben schauen und das Geschehen bewerten. Es soll entscheiden, was aufrecht erhalten bleibt und welche Situationen zu unterbrechen sind, weil sie nicht mehr stimmen. Tatsächlich ist das erwachsene Ich auch die wichtigste Bezugsperson des kleinen Anteils.

Es soll liebevoll wertschätzend auf den kleinen Anteil schauen und dafür sorgen, dass er das bekommt, was er braucht, damit er immer seltener die innere Führung übernehmen muss. Der erwachsene Anteil hat also die Aufgabe, mit den Menschen in seiner Umgebung zu sprechen, einen anderen Umgang und Beachtung einzufordern. Aber auch wenn dies schon Erfolge zeigt und Partner, Freunde und Kollegen schon freundlich, anerkennend und achtungsvoll mit Ihnen umgehen, werden Sie wirksame Veränderungen doch erst spüren, wenn Sie selber angefangen haben, einen intensiven, annehmenden, positiven Kontakt zu Ihrem kleinen Ich-Anteil herzustellen.

Das erwachsene Ich greift ein

Manchmal male ich mir einen kleinen Anteil als neben mir selbst stehend aus. Manchmal hilft mir auch die Vorstellung, dass sich dieser in meinem Körper befindet. Meistens aber denke ich ihn mir in meinem Herzen befindlich. In jedem Fall aber ist dieser kleine Anteil in der Welt seiner Kindheitserfahrungen gefangen. Er hat keinen Zugang zu den realen Gegebenheiten der Gegenwart. Um ihn zu befrieden, muss ihm also dieser Zugang eröffnet werden – und zwar mit Hilfe des erwachsenen Anteils. Angenommen, das Thema meines kleinen Anteils wäre mangelnde Wertschätzung, dann soll mein erwachsener Anteil solche Momente, in denen ich gerade Wertschätzung erfahre, besonders sorgfältig und sehr bewusst wahrnehmen. Indem ich nun in einer kleinen Meditation den Kontakt zu dem kleinen Anteil herstelle, vermittele ich ihm den Zugang zu dieser positiven Erfahrung. Ich stelle mir dann vor, wie es sich für meinen kleinen Anteil anfühlt, wenn das, wonach er sich so lange ausgestreckt hat, plötzlich bei ihm ankommt. In der Regel stoße ich dann auf sehr angenehme Gefühle, die auch mein erwachsener Ich-Anteil genießt.

Das Positive entdecken und annehmen

Ein Mensch, der einen Grundmangel an Aufmerksamkeit erlitten hat, ist sein Leben lang aktiv damit beschäftigt, Aufmerksamkeit zu erzeugen. Oft mit den unzureichenden Mitteln der kleinen Anteile, doch hin und wieder auch erfolgreich. Denn wer gelernt hat, mit Fleiß und hoher Anpassungsleistung Aufmerksamkeit zu erringen, wird in der Berufswelt sicher an vielen Stellen positiv auffallen. Da unser Beispielmensch aber in einem Mangel aufgewachsen ist, ist er gleichzeitig daran gewöhnt, dass für ihn nicht genug Aufmerksamkeit vorhanden ist. Eine paradoxe Situation: Der Mensch hat ungeheuer viel Energie investiert, um für Beachtung seiner eigenen Person zu sorgen – kann das Erreichte aber nicht annehmen. Und so wird er morgen wieder in der alten, letztlich vergeblichen Weise für Aufmerksamkeit und Beachtung sorgen, ohne jemals am Ziel anzukommen.

Eine Veränderung erreicht er nur, wenn der erwachsene Anteil das Ruder übernimmt. Denn dieser ist in der Lage, das alte Denkmuster, in unserem Beispiel: »Für mich gibt es nicht die Aufmerksamkeit, die ich brauche«, zu verlassen und die bereits vorhandene Beachtung als positive Erfahrung wahrzunehmen. Nun geht es darum, diese Erfahrung an den kleinen Anteil weiterzugeben. Das klingt vielleicht kompliziert, ist aber ganz einfach: Der erwachsene Anteil nimmt in diesem Moment zum Beispiel ganz bewusst wahr, dass der Vorgesetzte XY und auch Kollege Z stets sehr freundlich waren und dass die eigene Leistung immer wertschätzend betrachtet und auch gelobt wurde. Nun hat der erwachsene Anteil nichts weiter zu tun, als das angenehme Erleben einen Moment lang auszukosten, es also nicht wie sonst wegzuschieben, sondern eine Weile dabei zu bleiben, vielleicht indem das angenehme Erleben mit jedem Atemzug geradezu aufgesogen, verinnerlicht wird, verbunden mit einem Gedanken wie:

> »Ja, ich nehme diese Anerkennung dankend an. Ja, das habe ich mir erarbeitet, und es steht mir zu.«

Jetzt ist diese angenehme Erfahrung so tief verinnerlicht, dass sie den kleinen Anteil berührt. Hier könnten – ähnlich wie in der kleinen Meditation auf der vorherigen Seite – Gedanken hinzugefügt werden wie:

> »Hallo, das hier ist auch für dich. Das hast du verdient.«

Auch wenn die Anerkennung in diesem Fall noch nicht die Person, sondern ihre Leistung meint, ist es gut, dass die erarbeitete Anerkennung an ihr Ziel kommt und die Vergeblichkeit der Bemühungen damit beendet wird.

Wie man aus einem kleinen Anteil herauskommt

Zugegeben, selbst wenn Sie schon etwas von den kleinen Anteilen verstanden haben, ist es anfangs fast unmöglich ihrer Führung zu entkommen, wenn man erst mal mittendrin steckt. Schließlich hat der kleine Anteil ja die Führung übernommen, weil er davon überzeugt ist, dass dies genau das Richtige für Sie ist. Dagegen kommt die bloße Idee, dass es auch anders gehen könnte, nicht an. Da wir am besten aus Erfahrung lernen, müssen wir dafür sorgen, dass möglichst viele neue, positive Erfahrungen entstehen. Der kleine Anteil ist es gewohnt, bei Bedarf den gesamten Ich-Raum auszufüllen. Doch je mehr Sie sich mit seiner Thematik auseinandersetzen und die Veränderungen im Ich beobachten, umso mehr wird es zur Gewohnheit, dass sich da neben den gewohnten Ichs auch eine Beobachterinstanz eingerichtet hat. Ist die irgendwann vollständig errichtet, können Sie von hier aus in Ihr Ich-Geschehen eingreifen. Bis dahin können Sie dem kleinen Anteil nur zuvorkommen oder das Geschehen im Nachhinein auswerten, um dazuzulernen. Die Alternative ist, eine andere Person als (vorübergehende) Hilfsinstanz einzusetzen. Das geht so:

Hilfsinstanz

Erinnern Sie sich an eine der letzten Streitsituationen, in der ein eigener kleiner Anteil beteiligt war. Von Vorteil ist es, wenn Sie jetzt so viel Distanz dazu haben, dass Sie möglichst gelassen «beobachten» können. Was hätten Sie in der Streitsituation gebraucht, um wieder in Ihre Ruhe zurückzufinden? Was hätten Sie lieber tun sollen, statt sich weiter und weiter in den Streit zu vertiefen? Notieren Sie Ihre Antworten. Sie haben nun drei Möglichkeiten.

1. »Merke!« -Notiz

Schreiben Sie dem Teil Ihrer Person, der in der Szene mittendrin steckte und litt, eine »Merke!« -Notiz. Diese sollten Sie nun gut sichtbar (für die nächste Gelegenheit) in Ihrem Zuhause befestigen.

Folgendes könnte auf diesem Zettel stehen:

> »Wenn du jetzt wieder dieses Gefühl hast, dass sich alles gegen dich verschworen hat, wenn du deswegen wütend und traurig bist, dann mach sofort Folgendes: Zieh deine Laufschuhe an und renne los. Renne, bis du schwitzt und gehe danach unter die Dusche. Stelle dir dabei vor, dass all die negativen Gefühle ausgeschwitzt und dann zusammen mit dem Schweiß abgewaschen werden.«

Diese Notiz sollte genau das enthalten, was Ihnen in der jeweiligen Situation gut getan hätte, was Ihnen wieder einen anderen (erwachsenen) Blick auf die Welt verschafft hätte.

Auf dem »Merke«-Zettel könnte auch stehen:

> »... dann ruf sofort Anja an.«

Denn das wäre die zweite Möglichkeit ...

2. Freundin anrufen

Natürlich haben Sie vorher mit Anja über Ihren leidenden kleinen Anteil gesprochen und sie instruiert, wie sie im Falle Ihres »Not«-Anrufs zu handeln hat. Anja hätte dann die Aufgabe, statt sich Ihr Leid anzuhören und in Ihre Tiraden einzusteigen, Sie in freundlicher Bestimmtheit an das zu erinnern, was Sie ihr vorher über den kleinen Anteil erzählt haben.

Anja könnte Sie auch ablenken, indem sie mit Ihnen über Ihre Arbeit spricht oder über etwas anderes, wo Ihre Verantwortung gefordert ist. Wenn Anja und Sie gemeinsam erfreuliche Situationen erlebt haben, könnte sie ohne Umschweife auf diese Erinnerung umschwenken – und vielleicht auch noch ein bisschen über die guten Aspekte Ihrer Partnerschaft mit Ihnen plaudern. Zum Abschluss des Gesprächs schickt sie Sie dann vielleicht zum Sport oder in die Badewanne oder lädt Sie zu sich auf ein gemütliches Glas Wein.

Die Hauptlinie für Anjas Gesprächsstrategie: Bloß nicht den kleinen Anteil in seiner leidvollen Welterfahrung bestätigen, sondern durch den Blick auf gute Erfahrungen und/oder Verantwortung von dem Negativerleben ablenken, um so wieder den großen Anteil zu etablieren.

Eine zweite Variante

Es gibt aber auch noch eine zweite Variante für die Strategie der Freundin. Hier geht es in einem ersten Schritt darum, dem kleinen Anteil zu geben, was er braucht. Lesen Sie hier:

Angenommen Sie beschweren sich bei Ihrer Freundin Anja darüber, dass Ihr Mann Sie zu wenig beachtet. Dann hat Anja jetzt den Auftrag, Ihnen zunächst Beachtung zu schenken. Dabei soll sie Sie nicht in ihren Negativschilderungen unterstützen, sondern Ihnen die Zuwendung geben, die Sie in ihrer erwachsenen Kompetenz wieder aufbaut.

> **Sie:** »Als ich ihm gesagt habe, dass er viel zu wenig im Haushalt hilft, dass ich mich ausgebeutet und zu wenig beachtet fühle, ist er richtig sauer geworden. Das muss man sich mal vorstellen ... Ich hab ihm dann die Tür vor der Nase zugeschlagen. Mann, bin ich wütend.«

Anja: »Ja, das ist nicht fair, dass er dir nicht hilft. Du machst so viel. Du hast es wirklich verdient, dass er auch mal Danke sagt. Ich finde es zum Beispiel echt toll, wie du neulich diesen Kindergeburtstag [diese Reise, Party, Ausflug ...] organisiert hast. Das bewundere ich an dir.«

Und nachdem Anja auf diese Weise ein bisschen – hoffentlich ehrlich gemeinte – Anerkennung vermittelt hat, könnte sie schon den ersten Versuch starten, Sie auf ein anderes Gleis zu bringen.

Anja: »Erinnerst du dich übrigens noch an diese Szene auf dem Geburtstag (Party, Ausflug, Reise ...), als wir plötzlich so lachen mussten?«

3. Den Partner / die Partnerin zum Helfer machen.

Allerdings besteht in der Anfangsphase nur eine recht geringe Chance, dass Ihr Partner dafür zur Verfügung steht. Denn mit großer Wahrscheinlichkeit wird er selbst von einem kleinen Anteil dominiert und ist sozusagen gar nicht anwesend. Der Partner kommt also nur dann als Helfer infrage, wenn Sie sich mit anderen Personen in Streitereien verstricken, in denen ein kleiner Anteil von Ihnen auftaucht. Hier kann der eigene Partner eine sehr wertvolle Funktion übernehmen. Die Instruktionen sind dann so ähnlich wie oben bei »Anja«.

Da sich solche Situationen bei den meisten Menschen immer wieder einstellen, sollten Sie auch ein wenig experimentieren. Es gibt immer die beiden Möglichkeiten:

a) den kleinen Anteil beruhigen, indem er mit dem versorgt wird, was er braucht.

b) durch Ablenkung, also Themenwechsel mit Bezug auf etwas Positives oder auf Verantwortungsbereiche, um den erwachsenen Anteil in das Ich-Zentrum zu holen.

4. Vorsorge treffen

Im Vorfeld können sie einiges tun, um zu vermeiden, dass ein kleiner Anteil die Führung übernimmt. Im Grunde geht es immer darum, dafür zu sorgen, dass es Ihnen gut geht und dass die Situationen für Sie stimmig bleiben.

Ein gutes Gefühl ist der beste Schutz

Wenn das Auftauchen der Kleinen (oft) mit schlechter Stimmung einhergeht und die Präsenz erwachsener Anteile mit gutem bzw. neutralem Erleben verbunden ist, liegt die Schlussfolgerung nahe: Ein hilfreiches Mittel zur Vermeidung von »Abstürzen« in kleine Anteile, ist die Aufrechterhaltung einer guten bzw. neutral-positiven Stimmung. Denn die kleinen Anteile sind nun einmal Mittel zur Bewältigung innerer Not. Wenn es einem Menschen also gelingt, es sich gut gehen zu lassen, wird er kaum mit seinen inneren Notprogrammen konfrontiert werden.

Üben Sie sich darin,

immer wieder positive Aspekte Ihrer Gegenwart

wahrzunehmen.

Um das nicht nur so nebenbei »wegzulesen« bitte ich Sie, genau jetzt nach einem positiven Aspekt Ihrer aktuellen Situation zu suchen. Ist es im Moment ruhig oder gemütlich, oder fällt Ihr Blick gerade eben auf eine schöne Blume ...

Finden Sie momentan nichts wirklich Gutes, kann es auch helfen, sich an angenehme Erfahrungen zu erinnern. Schauen Sie mal in Ihre Erinnerungen – ja, genau jetzt!

Auch in Gesprächen mit dem Partner / der Partnerin sollten Sie (sich und ihn/sie) immer mal wieder an das gemeinsame Gute erinnern, wenn Sie eine Begegnung unter Erwachsenen wollen. Also:

> *Halten Sie sich vor Augen, was das Verbindende im Miteinander ist.*

Auch das sollten Sie gleich mal machen. Testen Sie, was das für eine Wirkung das auf Sie hat.

In jeder Beziehung gibt es gute Erinnerungen. Das ist ein Schatz, den Sie sich immer wieder mal vor Augen halten können, also:

> *Erinnern Sie sich (und Ihren Partner) an intensive positiv erlebte Momente.*

Dadurch holen Sie die damaligen Atmosphären in die Gegenwart ... Reden Sie miteinander über Situationen, in denen Sie miteinander harmonierten. Und fragen Sie Ihren Partner auch, was für ihn/sie schön, intensiv und positiv ist oder war. Beide knüpfen dadurch an ihre erwachsenen Seiten an - und aus Erwachsenensicht sind die meisten Probleme plötzlich keine mehr oder zumindest lösbar.

In solchen Momenten des Austauschs ist es auch möglich, über die Probleme mit ihren kleinen Anteilen zu sprechen. Wichtig dabei ist jedoch, dass Sie sich nicht dazu verführen lassen, das gute Gefühl zu verlieren.

Die eigene Stimmigkeit als Seismograph

Um ein gutes Gefühl aufrechtzuerhalten, ist es wesentlich, dass die Bedingungen der augenblicklichen Situation für Sie stimmig sind. Manchmal sind es Kleinigkeiten, die es schwer machen, bei einem guten Gefühl zu bleiben. Wenn Ihnen zu kalt ist, der Raum zu hell oder zu dunkel, die Musik zu laut, der Stuhl unbequem, wenn das Essen nicht schmeckt, Sie eigentlich ziemlich müde sind, stimmt etwas für Sie nicht. Die zentrale Aufgabe: Stets im Kontakt mit sich bleiben, um zu spüren, was in Ordnung ist und was nicht - und dann dafür zu sorgen, dass es wieder stimmig wird. Ist Ihnen zu kalt, doch Sie können sich nicht dazu durchringen, sich eine Decke zu holen oder eine Strickjacke anzuziehen, dann kehrt Unstimmigkeit in die Situation ein. Die meisten Menschen können eine Zeitlang mit so kleinen Unstimmigkeiten auskommen. Machen Sie sich aber klar, dass Unstimmigkeiten die Türen sind, durch die kleine Anteile den Raum betreten. Wollen Sie üben, Ihre erwachsenen Anteile bewusst am Ruder zu halten, dann üben Sie auch, in kleinen Dingen für Ihre Stimmigkeit zu sorgen.

Gehen Sie achtsam mit Ihren Kräften um.

Vermeiden Sie, dass Sie irgendwo zu viel Energie investieren, ohne eine entsprechende Gegenleistung zu bekommen.

Geld, Ruhm und Ehre zählen in Herzensangelegenheiten selten als Gegenleistung. Hier geht es vor allem um Freundlichkeit, um persönliche Anerkennung, Wertschätzung, Respekt und natürlich um Liebe.

Stress: Magnet der kleinen Anteile

Generell gilt: Jede Form von Stress erhöht die Wahrscheinlichkeit, dass kleine Anteile die Führung übernehmen. Es ist wie im Bild mit dem Riff unter der Wasseroberfläche: Steht das Wasser ausreichend hoch, hat man kein Problem damit. Das Riff taucht erst auf, wenn von dem Wasser – hier als Symbol für Wohlgefühl, persönliche Energie und innere Balance – nicht mehr genug vorhanden ist.

Was löst in Ihrem Leben Stress aus? Sind es die Anforderungen der Arbeit oder Familie? Setzen Sie an sich selbst zu hohe Ansprüche oder sind es andere, die das tun? Vielleicht erleiden Sie den Stress ja auch aufgrund von Unterforderung … Vielleicht ist es die Anwesenheit anderer, die Sie belastet. Oder ist es eher die Abwesenheit, die Ihnen Stress bereitet? Mögliche Stressverursacher gibt es eine Menge. Auch hier ist es wichtig, durch Selbstbeobachtung herauszubekommen, was die eigenen Stressverursacher sind. Denn dann sind Sie in der Lage, einzugreifen und etwas zu verändern …

Der Partner: seine Grenzen, seine Impulse

Machen Sie sich klar, dass Ihr Partner auch seine »Macken« hat und dass er nicht dafür zuständig ist, Ihre Probleme zu lösen. Versuchen Sie zu akzeptieren, dass Sie von ihm nicht alles bekommen können, was Sie sich wünschen. Und führen Sie sich ab und zu vor Augen, was Sie bereits alles von ihm bekommen. Meist ist die Rechnung dann nämlich durchaus in Ordnung. Vermutlich werden Ihre Erwartungen prompt etwas realistischer - und die Gefahr, enttäuscht zu werden, sinkt.

Das heißt aber nicht, dass ich dafür plädiere, »klein beizugeben« und sich mit allem abzufinden. Menschen sind durchaus lern- und ausbaufähig. Um die richtigen Impulse zu setzen, müssen Sie sich selbst allerdings darin üben, die eigenen Bedürfnisse, Wünsche und Grenzen immer wieder deutlich zu machen. Da die kleinen Anteile meist schweigend vorgehen, sind Sie auf dem richtigen, sprich erwachsenen Weg, wenn Sie miteinander über das sprechen, was Sie betrifft. Und zwar nicht nur einmal, sondern immer mal wieder. Sonst verpufft's!

Der Partner als Anregung für neue Lösungen

Im Zusammenhang mit der Frage, wie man seinen Beziehungspartner findet, wurde bereits die Ähnlichkeit der kleinen Anteile als wichtiger Bezugspunkt erwähnt (siehe Seite 74). Resonanz ist ein Grund, das wertvolle Lösungspotenzial, das dieser mitbringt, ein anderer. Deshalb hier der Vorschlag, bei der Annäherung an einen eigenen kleinen Anteil auch mal ganz bewusst zu schauen, welche Lösungswege der Partner für das Thema seiner kleinen Anteile geht. Wir wissen ja bereits, dass der Partner ein ähnliches Lebensthema hat wie man selbst. Aber er ist ein anderer Mensch, ist in einer anderen Umgebung aufgewachsen und hat andere Potenziale. Also hat er vermutlich auch andere Lösungen für das gemeinsame Thema gefunden.

WIE MAN AUS EINEM KLEINEN ANTEIL HERAUSKOMMT

Im Zusammenhang mit Patrick und Mandy (siehe Seite 95) wurde schon einmal darauf hingewiesen, wie die beiden den jeweils anderen als Vorbild für eigene Lösungswege nutzen könnten: Patrick zeigt sich groß, stark, belastbar - und lässt sich zu viel aufladen. Mandy macht sich klein und unsichtbar, geht nie eigene Wege - und verzichtet auf vieles. Patrick begibt sich raus in die Welt; Mandy versteckt sich zu Hause. Jeder für sich allein ist nur in einer Richtung unterwegs und damit letztlich erfolglos. Wenn sich aber jeder etwas von der Tendenz des anderen aneignet, dann könnten beide profitieren.

Waren es bisher die kleinen Anteile, die das Verhalten bestimmten, ist es nun der erwachsene Teil, der sich etwas von dem anderen abschaut. Dieser Teil ist im Hier und Jetzt verankert und kann deshalb mit viel mehr Gelassenheit und innerem Abstand mit dem Thema der kleinen Anteile umgehen. Wenn sich ein erwachsener Teil vornimmt, etwas Neues zu lernen, dann kann er dies konkret angehen: Er kann für Stimmigkeit und Angemessenheit sorgen – und dafür, dass keine zusätzlichen Probleme auftauchen, sondern dass sich alles gut entwickelt und tatsächliche Vorteile daraus hervorgehen.

Diese kompetente Seite soll sich mal die Strategien des Beziehungspartners anschauen, um herauszubekommen, mit welchen Mitteln er/sie arbeitet, um die Mängel und Nöte seiner/ihrer Kindheit auszugleichen. Besonders deutlich zeigen sich diese Strategien, wenn der andere gerade von einem kleinen Anteil geführt wird. Besonders interessant sind aber genau die Verhaltensweisen des Partners auf die Sie selbst genervt reagieren. Erst wenn Sie aus der inneren Distanz eines erwachsenen Ich-Anteils darauf schauen, bekommen Sie einen Zugang dazu, wie wichtig und wertvoll eben diese für Ihr eigenes Leben sein könnten. Probieren Sie's einfach aus: Nervt Sie an Ihrem Partner, dass er vieles so spontan macht, versuchen Sie auch mal, spontan zu sein. Ist Ihr Partner ständig am Reden, dann probieren Sie das doch auch mal. Stellt sich Ihr Partner immer selbst in den Mittelpunkt, tun Sie es ihm gleich. Das, was Sie dabei entdecken, sollten Sie nicht bewerten. Schließlich sollen Sie ja auch nicht so werden wie der andere, sondern sich nur ein paar hilfreiche Anregungen holen.

Eine gute Erinnerung nutzen

So wie die kleinen Anteile von Unsicherheit, Anspannung und Not heraufbeschworen werden, genauso werden erwachsene Seiten durch Sicherheit, Frieden und Harmonie belebt. Auch wenn die Gegenwart gerade nichts dergleichen bietet, haben Sie vermutlich dennoch so etwas schon erlebt. Wenn Sie sich eine Erinnerung an einen guten Moment vor Augen halten, können Sie zumindest ein Stück an das damalige Erleben anknüpfen. Gelingt es Ihnen, ist in demselben Moment kein Platz für Negativszenarien und damit wird automatisch ein erwachsener Teil in Ihnen wach. Ich nenne solche Momente »Schlüsselmomente« oder auch »Schlüssel zur Psyche«. In meinem Buch »Abnehmen – mit dem Schlüssel zur Psyche« (siehe Kurzdarstellung am Ende dieses Buches) habe ich eingehend beschrieben, wie so eine Schlüsselerinnerung alte Muster bzw. kleine Anteile zum Schweigen bringt und damit eine erfolgreiche Diät überhaupt erst ermöglicht. Mein Buch »Schlüssel zur Psyche – die eigene Vergangenheit hinter sich lassen« erscheint demnächst und beschreibt wie man so einen Schlüssel auch für andere Problembereiche nutzen kann. Es ist also so etwas wie eine Fortsetzung für das vorliegende Buch.

Interessant ist, dass in einer Schlüsselerinnerung genau das Lebensthema positiv beantwortet wird. Das macht die Kraft dieser Schlüssel verständlich. Klar, dass so ein Schlüssel für jeden Menschen anders beschaffen ist.

Die kleinen Anteile des Partners

Ein Mindestmaß an Akzeptanz finden

Da beide Partner kleine Anteile haben, ist es ein bisschen so, als würde man in einer Patchwork-Familie leben (siehe auch Seite 80): Jeder hat noch einen oder mehrere kleine Anteile mit in die Zweiergemeinschaft gebracht, die man auch als unabhängige Personen, in diesem Fall Kinder betrachten kann. In jeder Patchwork-Familie, also auch in unserer »Als-ob-Patchwork-Familie« besteht die Notwendigkeit zur gegenseitigen Akzeptanz. Hier muss jeder auch ein gutes Stück Verantwortung für die Kinder des anderen übernehmen. Auf diese achten, für sie mitsorgen und eine familiäre Atmosphäre schaffen (vgl. Regel 3, Seite 100).

Gleichzeitig aber gilt auch Regel 2, wonach jeder Partner selber für seine(n) »kleine(n)« Ich-Anteil(e) verantwortlich ist. Es ist nicht Aufgabe des anderen, die kleinen Anteile des Partners zufriedenzustellen. Dennoch sind die kleinen Anteile mit ihren Lebenslasten und den dazugehörigen Bewältigungsprogrammen Teil der (Patchwork-)Partnerschaft. Insofern müssen beide einen Weg des Miteinanders finden. Dazu gehört nicht zuletzt eine akzeptierende, wertschätzende Haltung dem jeweils anderen (samt seinen kleinen Anteilen) gegenüber.

Den meisten meiner Klienten fällt es recht leicht, kleine Anteile des Partners auszumachen – bisher haben sie diese nur anders bezeichnet, vor allem als »schlechte Laune aus heiterem Himmel«. Jeder Kontakt mit diesen Anteilen des Partners wird meist als belastend, störend, unpassend, nervig oder provokant empfunden. Die Belastung, die ein kleiner Anteil des Partners auslöst, ist also ein erstes Identifikationsmerkmal. Das Anstrengende kleiner Anteile resultiert daraus, dass diese außerhalb der aktuellen Realität sind. Denn sobald die Person ein bestimmtes Stichwort hört oder eine spezifische Situationskonstellation erlebt, verlässt sie den unmittelbaren Bezug zur aktuellen Realität und überlässt einem kleinen Anteil die Bühne. Der Partner erlebt diesen Wechsel als Bruch, da er an den inneren Prozessen des anderen nicht teilhat und ihm somit nicht in dessen »Wirklichkeit« folgen kann. Die Konsequenz: Das Verhalten des anderen wird als persönlicher Affront erlebt. Eben hatte man noch »einen Draht zueinander« – und plötzlich »reißt der Faden ab«. Da dies auf der Beziehungsebene erfolgt, ist die Betroffenheit besonders stark und die Gefahr eines Streits entsprechend groß. Während man mit «komischem«, störendem Verhalten wildfremder Personen noch recht gelassen umgehen kann und sich an «Macken« von Kollegen, Bekannten und Freunden schon gewöhnt hat, ist einem der eigene Partner jedoch viel zu nahe: Und schon wird so ein »Beziehungsbruch« schnell als »Vertrauensbuch« verstanden …

Zentrale Aufgabe: Distanz!

Wenn es darum geht, den kleinen Anteilen des Partners adäquat zu begegnen, bleibt einem nichts anderes übrig als zu lernen, dass deren Auftritte meist nichts mit der eigenen Person zu tun haben. Insofern gilt es, innerlich auf Distanz zu der Situation zu gehen. Stellen Sie sich vor, ein Kind Ihres Partners käme ins Zimmer, hätte offensichtlich Probleme und bäte Sie um Hilfe. Würden Sie sein Auftreten und seine Probleme als Attacke empfinden? Vermutlich würden Sie vielmehr das tun, was gerade erforderlich ist. Wenn es Ihnen also gelingt, in genau dieser Distanz zu bleiben bzw. den nötigen Abstand zu gewinnen, werden Sie auch im Hinblick auf die kleinen Anteile Ihres Partners genau wissen, was zu tun ist. Denn Sie kennen Ihren Partner; und niemand braucht Ihnen zu erklären, welches Mittel Sie zu welcher Zeit anwenden müssen. Diese erwachsene Souveränität haben Sie allerdings nur, solange es Ihnen gelingt, sich nicht selber von einem eigenen kleinen Anteil überrumpeln zu lassen. Denn sonst stecken Sie in kürzester Zeit in einem weiteren Streit – mit all seinen negativen Folgen.

Drei Konfliktkonstellationen

Es gibt drei Konstellationen, in denen Sie es mit einem kleinen Anteil ihres Partners zu tun haben können. Nehmen wir als Bezugspunkt eine Situation, in der Sie und Ihr Partner positiv zueinander stehen und die Stimmung angenehm und entspannt ist, weil gerade erwachsene Ich-Anteile aktiv sind. Plötzlich aber wechselt Ihr Partner aufgrund eines Auslösers in einen kleinen Ich-Zustand. Er/Sie steht nun innerlich unter Stress, ist angespannt und für alles, was eben noch galt, nicht mehr zugänglich. Und Sie?

1. Sie selbst bleiben ruhig und gelassen, sind wenig gefährdet, aus diesem Zustand herausgerissen zu werden. Ihr erwachsener Anteil ist stabil, nimmt wahr, dass Ihr Gegenüber ein Problem hat, und weiß damit umzugehen.

2. Sie selbst sind durch die Situation emotional belastet und somit in Gefahr, die Ruhe zu verlieren, verfügen aber noch über ausreichend Freiheit, um die Situation aus der Distanz zu betrachten. Sie stehen also am Scheideweg, ob Sie das Verhalten Ihres Partners persönlich nehmen oder nicht.

3. Sie selbst konnten sich nicht schützen und sind nun ebenfalls von einem kleinen Anteil dominiert.

Welche Aufgabenstellungen ergeben sich für die jeweilige Konstellation?

1. Sie selbst sind und bleiben ruhig und gelassen

Wenn Sie sich schon mal mit Ihrem Partner über kleine Anteile ausgetauscht haben, wird es Ihnen vermutlich leichtfallen, das Richtige zu sagen und zu tun – vorausgesetzt, es gelingt Ihnen, in einem erwachsenen Anteil zu bleiben. Sie haben den wichtigsten Menschen für Ihr Leben (oder zumindest für den aktuellen Lebensabschnitt) vor sich, und diesem Menschen geht es gerade nicht gut. Auch wenn ihr Partner Sie vielleicht angifftet, Sie provoziert und kritisiert, können Sie Ihre Ruhe behalten, wenn Sie sich all das Positive vor Augen halten, was Ihre Beziehung ausmacht. Sie können das in einem Gedankenexperiment überprüfen:

Erinnern Sie sich an eine wirklich gute Situation miteinander. Nehmen Sie Bezug auf zu dem Positiven und Kraftvollen dieses Moments. Versuchen Sie, sich an die damit verbundenen Gefühle zu erinnern, und genießen Sie diese. Gehen Sie dann in Ihrem inneren Film aus diesem Gefühl heraus in eine Situation, in der Ihr Partner aus einem kleinen Anteil heraus agierte. Finden Sie eine Antwort auf die Frage: Was braucht er/sie jetzt von mir? Geben Sie Ihrem Partner genau das. Vielleicht sind es ruhige Worte oder eine Berührung. Wie fühlt sich das in der Vorstellung an? Gut? Dann sollten Sie es demnächst mal in einer realen Situation ausprobieren. Wenn kein stimmiges Gefühl entsteht, probieren Sie andere Varianten oder machen Sie es sich zur Aufgabe, möglichst bald mit Ihrem Partner darüber zu sprechen, was er/sie in solchen Momenten unbedingt braucht. (Siehe auch Seite 139, »Die Wünsche erfragen«)

Wenn Sie zwar emotional distanziert sind – sich also nicht provozieren lassen –, sich aber ansonsten hilflos fühlen und nicht wissen, was Sie machen sollen, dann bleiben Sie vor allem freundlich und lassen Sie die Verbindung zueinander nicht abreißen. Reagieren Sie auf Ansprache, signalisieren Sie, dass Sie Ihr Gegenüber wahrnehmen und ernstnehmen. Denn trotz inneren Abstands sollten Sie nicht emotional kalt reagieren. Sie wissen schließlich, dass Sie es gerade nur mit einem Teil Ihres Partners zu tun haben. Das, was sie beide miteinander verbindet, ist von dem augenblicklichen Geschehen unberührt. Daher kann es hilfreich sein, sich schnell an eine schöne gemeinsame Situation zu erinnern, um aus dem spontan guten Gefühl heraus zu agieren.

Was Sie auf alle Fälle geben können und was Ihrem Gegenüber wahrscheinlich hilft, ist Ihre Präsenz, Ihr Zuhören, Ihr Blick, der immer wieder den Kontakt sucht und aufrechterhält. Es sind aber auch Ihre Worte wie »Ich verstehe dich«. Tun und sagen Sie aber immer nur, was für Sie wirklich stimmt. Denn wenn Sie nur so tun »als ob«, laufen Sie Gefahr, alles zu verschlimmern.

Und sollten Sie gerade tatsächlich keinen Draht zu positiven Gefühlen aufbauen können, dann ist bei Ihnen selbst vermutlich ein kleiner Anteil beteiligt.

Um sich in Ihrer erwachsenen Position zu bestärken, sollten Sie sich vor Augen halten, dass der kleine Anteil, der da Ihren Partner gerade im Griff hat, ein »Familienmitglied« ist und Sie für dieses auch eine gewisse Verantwortung haben. Daher sollten Sie Maßnahmen ergreifen, die die Not des anderen möglichst lindern oder zumindest nicht verschlimmern. Deshalb wäre es natürlich die beste Maßnahme, den Partner zurück in einen erwachsenen Anteil zu holen, weil die erlebte Not dann sofort wieder weg wäre. Ist dies nicht möglich, muss der Kleine soweit »versorgt« werden, dass es wenigstens nicht schlimmer wird. Dabei sollten Sie immer im Hinterkopf behalten, dass die erlebte Not des anderen aus einer anderen Periode seines Lebens stammt und daher aktuell nicht lösbar ist. Der Partner ist innerlich in alte Szenen abgetaucht; er sieht Sie nicht als den, der Sie sind. Vielmehr sieht er Sie als jemanden, der wie sein Vater oder Onkel ist, wie seine Mutter, Großmutter oder Schwester, jedenfalls als Nachfolger einer prägenden Urbeziehung. Wenn Sie nicht wissen, was Ihr Partner damals erlitten hat, und daher auch nicht wissen können, was Ihr Partner jetzt dringend braucht, sind die eigenen Handlungsmöglichkeiten beschränkt. Denn bei dem einen kann es hilfreich sein, den anderen in den Arm zu nehmen oder liebevoll zu streicheln, bei dem anderen das absolut Verkehrte. Und auch wenn Sie bereits eine Ahnung haben, was hier stimmig ist, sollten Sie dennoch in guten Moment miteinander darüber sprechen, was der Einzelne in seinen schwachen Momenten konkret braucht. Denn dann können nen Sie Ihren Partner / Ihre Partnerin besänftigen, indem Sie dem kleinen Anteil etwas von dem geben, was dieser braucht: anerkennende Worte, Beachtung, Wertschätzung, Aufmerksamkeit ... Sollte Ihr Gegenüber in seinem beleidigten Zorn also verlangen, dass Sie jetzt endlich mal den Müll runterbringen, dann tun Sie das doch ruhig. Denn vielleicht gelingt es Ihnen danach leichter, mit wenigen besänftigenden Worten den erwachsenen Ich-Anteil Ihres Partners hervorzuholen, um mit diesem über die aktuellen Probleme zu reden.

Ein kleiner Anteil, der das Steuer an sich gerissen hat, will unbedingt gehört werden. Er hat etwas (für ihn selbst) sehr Wichtiges zu sagen. Deshalb wird es Ihnen kaum gelingen, ihn von seinem Thema abzulenken. Hören Sie also einfach zu und vermitteln Sie, dass Sie verstanden haben, was der/die andere gesagt hat. Vermeiden Sie dabei jedes »Aber ...«. Merken Sie allerdings, dass Ihnen jede (tröstend-besänftigende) Zustimmung widerstrebt, sind Sie selber nahe daran, von einem eigenen kleinen Anteil geführt zu werden. Und wenn Sie Ihre Ruhe bereits verloren haben, müssen Sie den Versuch, den anderen zu beruhigen, vorerst unbedingt abbrechen, um sich erst mal um sich selber zu kümmern. Sollten Sie also finden, dass Ihr Gegenüber überhaupt nicht Recht hat, dann sagen Sie lieber nichts. Denn ist ein kleiner Anteil erst mal beruhigt, verschwindet er und überlässt wieder dem erwachsenen Anteil die Kommandobrücke. Dann können Sie immer noch gemeinsam mit dem zurückgekehrten erwachsenen Anteil Ihres Gegenübers in Ruhe herausbekommen, was realistisch ist und was nicht.

Sollten Sie Gefahr laufen, die Distanz zu verlieren, dann richten Sie Ihre Aufmerksamkeit zwischendurch immer wieder auch auf die eigene Person. Es geht darum, sich selbst zu stabilisieren. Besinnen Sie sich auf sich selbst, machen Sie sich ein Bild von Ihrer Befindlichkeit und Ihrem Status in der aktuellen Situation. So könnten Sie zum Beispiel denken:

> »Mir geht es gut, ich hatte gerade einen guten Tag, ich bin entspannt und ganz weit weg davon, mich jetzt über irgendwas zu streiten.«

Holen Sie eine gute Situation vor ihr inneres Auge. Oder machen Sie sich die Freiheit klar, die Sie als Erwachsener haben: Sie können Ihr Leben und Ihre Beziehungen selbst gestalten. Ein Kind hingegen muss »mitspielen«, ist abhängig von den Urbeziehungen. Mit anderen Worten: Während Sie selbst gerade frei sind, ist Ihr Partner gefangen in seiner Geschichte.

2. Sie selbst sind durch die Situation emotional belastet

Die zentrale Aufgabe für Sie, wenn Sie nach einem »Beziehungsbruch« des Partners Gefahr laufen, ebenfalls die Ruhe zu verlieren: Unbedingt die noch vorhandene Distanz wahren und wieder vergrößern. Entscheiden Sie sich, das Verhalten Ihres Partners nicht als persönliche Attacke zu betrachten. Sondern wie einen Regenguss oder einen kalten Wind, der nichts mit Ihnen persönlich zu tun hat. Es lohnt nicht, dagegen anzukämpfen, vielmehr muss man einen Weg finden, damit umzugehen. Bei Regen helfen ein Schirm und Gummistiefel, bei Wind eine feste Jacke und ein Schal.

Die Frage an sich selbst lautet nicht: Was kann ich jetzt dagegen tun?«, sondern: »Wie gehe ich jetzt mit der gegebenen Situation um? Wie kann ich sie so gut wie möglich bewältigen?«

Ein ganz wichtiger Faktor für die eigene Stabilität ist die Abwesenheit von Stress. Erlebt man eine Situation als frei von Belastung und Unruhe, spürt stattdessen Gelassenheit und Distanz zum Geschehen, ist das die beste Voraussetzung, gegen eigene kleine Anteile und die des Partners gewappnet zu sein.

Jede Form innerer Anspannung und Unruhe, das Aufflammen von Ärger oder Unwillen ist ein Hinweis auf das Auftauchen eines eigenen kleinen Anteils. Wer sofort auf erste negative Anzeichen reagiert und gegensteuert, hat gute Chancen, zu der eben noch gegebenen inneren Ruhe und Distanz zurückzukehren.

Die wenigsten Partner sind jedoch immun gegen das, was ein kleiner Anteil des anderen zu ihnen sagt. Denn in den Vorwürfen wird er/sie sehr direkt, sehr persönlich und damit spielend leicht auch sehr verletzend. Aus: »Nie hilfst du mir!« wird schnell: »Du kriegst überhaupt nichts auf die Reihe« oder: »Du bist ein Versager«. Trotzdem freundlich-gelassen zu bleiben, fällt den meisten vermutlich schwer.

Aber solange Sie noch bewusst mitbekommen, was in Ihnen vor sich geht, können Sie Ihren kleinen Anteil beruhigen.

3. Auch in Ihnen dominiert ein kleiner Anteil

Dann lässt sich nichts weiter tun, als zu verhindern, dass die beiden kleinen Anteile einander wehtun. Denn je länger die zwei gegeneinander antreten, umso tiefer werden die Wunden und umso schwerer wird es, wieder zu einem guten Miteinander zu finden. Hier hilft also nur: Das Weite suchen. Die zwei Kleinen müssen voneinander getrennt werden. Wenn möglich, können Sie noch eine Verabredung mit Ihrem Partner treffen: »Eine halbe Stunde Auszeit« oder »Wir sehen uns beim Abendbrot« oder Ähnliches.

Am unkompliziertesten ist es, wenn Sie beide schon im Vorfeld über das Reglement in einer solchen Situation gesprochen haben. Dann kann nicht einer der Kleinen so etwas daraus machen wie: »Jetzt lässt er mich wieder allein«. Tauschen Sie sich also im Vorfeld darüber aus, wie viel Zeit jeder braucht, bevor ein Treffen wieder sinnvoll ist. Einigen Sie sich auch auf einen Ort und andere relevante Bedingungen für die nächste Begegnung. Zum Beispiel ist es ratsam, bei der nächsten Begegnung mit etwas Positivem anzufangen, um sich wieder an das Potenzial der Beziehung zu erinnern. Wenn Sie beispielsweise gerne zusammen spazieren gehen, sollten Sie sich zu einem Spaziergang treffen. Sie könnten sich auch gegenseitig sagen, was Sie gut aneinander finden und wieso diese Beziehung für Sie wichtig ist.

Zudem kann ein Codewort vereinbart werden, das dem anderen signalisiert: »Bis hierhin und nicht weiter.« Nennt also einer das Codewort, gehen beide in der vereinbarten Weise auseinander.

Haben Sie sich gemäß den vereinbarten »Spielregeln« räumlich getrennt, hat jeder für sich die Aufgabe, in seinen erwachsenen Anteil zurückzufinden (siehe Abschnitt: »Wie man aus einem kleinen Anteil heraus findet«, ab Seite 121).

Die meisten Menschen wissen ganz gut, was sie brauchen und was geschehen muss, um in so einer Situation klarzukommen. Neu aber ist, miteinander darüber zu sprechen und es als gemeinsame Aufgabe zu betrachten, gut durch die Eskalation zu kommen.

Gemeinsam erarbeiten, was zu tun ist

»Wie soll ich mit dir in so einer Situation umgehen?«

Um zu erfahren, wie Sie am besten mit den kleinen Anteilen Ihres Partners umgehen, sollten Sie ein entsprechendes Gespräch unter erwachsenen Anteilen gestalten. Darin können Sie das Material zusammentragen, das für die Streitsituationen relevant ist. Denn Ihr Partner weiß vermutlich recht genau, was er von Ihnen braucht, wenn er/sie schlecht gelaunt ist (= von einem kleinen Anteil gelenkt wird).

Die Wünsche erfragen

Setzen Sie sich zusammen, dabei sorgfältig darauf achtend, dass dieses Miteinander durchgängig von einer guten, solidarischen Atmosphäre getragen wird.

Halten Sie Papier und Bleistift parat und interviewen Sie sich gegenseitig über die Wünsche, die Sie an den jeweils anderen haben, wenn es Ihnen selbst nicht gut geht. Versuchen Sie sich auch darüber zu verständigen, welche Art von schwierigen Situationen Sie meinen: Manche Paare inszenieren immer ein und dieselbe Art von Streit, andere wiederum sind durchaus vielfältig in ihren Kollisionen. Die erarbeiteten Hilfsmittel sollten möglichst gut zu der betreffenden Notsituation passen.

Gehen Sie sehr ins Detail: Beschreiben Sie einander genau, was Sie wollen, und erläutern Sie, was auf keinen Fall geschehen darf.

Hier einige Anhaltspunkte:

- *Raum*: Brauchen Sie Nähe oder Distanz? Wollen Sie allein sein oder lieber nicht? Wenn Sie allein sein wollen:

Wie viel Zeit brauchen Sie für sich?
- **Zeit:** Muss Ihr Gegenüber schnell reagieren oder sollte er/sie sich Zeit lassen?
- **Sprache:** Wollen Sie lieber selber die Initiative ergreifen oder soll Ihr Partner Sie ansprechen?
- **Berührung:** Sind Berührungen für Sie wichtig? Wenn ja: Welche? Oder darf Ihr Partner Sie auf keinen Fall berühren?
- **Ort:** An welchem Ort möchten sie Ihr Alleinsein oder das Miteinander gestalten? Welcher Ort darf es auf keinen Fall sein?
- **Andere Menschen**: Ist die Gegenwart anderer Personen für Sie hilfreich? Wie könnte Ihr Partner Sie darin unterstützen?

Beispiele für Ergebnisse solcher Gespräche:

> **Er:** »Wenn ich wieder diese Laune habe, dann bleibe bitte einen Moment lang auf Abstand. Ich brauche mindestens eine halbe Stunde, um runterzukommen. Ich möchte auch nicht angesprochen werden, insbesondere keine Aufträge bekommen, irgendetwas zu erledigen. Ich möchte auch niemanden sehen, insbesondere nicht deine Mutter. Am schnellsten komme ich wieder runter, wenn ich die Wohnung verlasse und spazieren gehe oder fahre. Wenn ich in so einer Stimmung mit dem Auto losfahre, brauchst du dir keine Sorgen machen, da ich mich in diesen Momenten extrem beherrsche und sehr kontrolliert Auto fahre.

Am liebsten wäre mir, wenn wir danach einen gemeinsamen Spaziergang machen könnten. Mir ist es auch wichtig, dass du mir dann erst einmal zuhörst und nicht dazwischenredest. Danach höre ich dir dann zu.«

Sie: »Ich halte es überhaupt nicht aus, wenn du dich dann schweigend zurückziehst. Ich brauche deine Gegenwart. Ich brauche auch deine Nähe. Es hilft mir, wenn du meine Hand hältst. Bitte frage mich, was mit mir ist.

Wenn ich nicht antworten kann, frage ruhig noch einmal. Wenn ich dann immer noch nicht antworte, versichere mir einfach, dass alles okay ist. Sage auch, wenn möglich, dass du jetzt für mich da bist. Wenn ich dann doch etwas erzähle, versuche bitte, mir das Gefühl zu geben, dass du meine Worte aufnimmst. Schau mir dabei am besten in die Augen, das beruhigt mich.«

Im Ernstfall: Erproben, was geht

Wenn es wieder einmal passiert, dass einer von Ihnen beiden unvermittelt von einem kleinen Anteil angeführt wird und sich der/die andere davor retten kann, selber von einem kleinen Anteil dominiert zu werden, ist das eine Gelegenheit, das vorher Erarbeitete anzuwenden. Dabei sollten Sie sehr achtsam vorgehen, um die zuvor gemachten Notizen nicht wie eine Maschine abzuarbeiten. Nehmen Sie eine (unaufgesetzt) freundliche, friedliche und zugewandte Haltung ein, um dem anderen möglichst gerecht werden zu können.

Es ist durchaus denkbar, dass manches von dem, was auf Ihrer Liste steht, in diesem Moment nicht passt. Immerhin haben Sie die Vereinbarung ja mit dem erwachsenen Anteil Ihres Partners gemacht. Dabei hat er/sie aus der Distanz über die Bedürfnisse des kleinen Anteils geredet, so dass manches nur Vermutung oder

Wunschdenken gewesen sein mag. Was geht und was nicht geht, muss vorsichtig erprobt werden. Hüten Sie sich also davor, verletzt zu reagieren, wenn Ihre Bemühungen zunächst ins Leere gehen.

Sollte eine Berührung gewünscht worden sein, dann sollten Sie diese auch anbieten. Bleiben Sie aber zurückhaltend, denn es ist möglich, dass der kleine Anteil Ihres Partners diese vermutlich ungewohnt positive Reaktion von Ihnen gerade gar nicht aushält.

Immer wieder kommt es vor, dass der um Berührung bittende Partner diese im Ernstfall sogar abwehrt. Auch die vorher vereinbarte Bitte, doch mal nachzufragen, wie es ihr/ihm geht, kann unter Umständen zu der patzigen Antwort führen: »Fragst ja auch sonst nicht ...« Die Umsetzung braucht sehr viel Fingerspitzengefühl. Darüber verfügen erwachsene Ich-Anteile aber in aller Regel. Daher bleibt als wichtigste Orientierung: Die eigene Ruhe bewahren. Innerlich in ruhiger Akzeptanz mit dem Geschehen verbleiben und vielleicht zu sich selber sagen: »Ein Familienmitglied hat gerade Stress. Das ist jetzt so und im Moment nicht zu ändern. Wie ein Regenguss. Bleib ruhig, alles ist okay.«

SCHLUSS...

ZUSAMMENFASSUNG: DIE ZENTRALEN AUSSAGEN

- Wir arbeiten hier mit der Vorstellung, dass eine Person stets eine Gruppe von mehreren Teilpersonen ist. Dies bietet den Vorteil, die »guten« Aspekte des Miteinanders annehmen zu können und nicht in Frage stellen zu müssen. Die Arbeit richtet sich konzentriert auf jene Teile, die die Probleme des Paares hervorrufen. Somit wird das Problem eingrenz- und beherrschbar. Die verschiedenen Teile nennen wir Ich-Anteile oder Ego-States. Ein Ich-Anteil ist eine bestimmte Weise des Denkens, Empfindens und Handelns. Er geht mit einer spezifischen Wahrnehmungsweise, eigenen Überzeugungen über sich und die Welt sowie einem bestimmten Selbstgefühl einher.
- Die Probleme in einer Zweierbeziehung werden stets von kleinen Ich-Anteilen beider Partner erzeugt.
- Kleine Anteile sind Verhaltensmuster, die irgendwann in der Kindheit als Reaktion auf schwierige Bedingungen entstanden sind. So war das Leben leichter zu ertragen. Ein kleiner Ich-Anteil bleibt allerdings lebenslang erhalten, und übernimmt immer dann das innere Steuerrad, wenn es um (emotional) ähnliche Themen wie in der Kindheit geht.
- Jeder kleine Ich-Anteil ist auf ein bestimmtes für die Person sehr wichtiges Thema »spezialisiert«. Meist geht es um den eigenen Wert, den Platz auf der Welt, die eigene Bedeutung, das eigene Recht auf Leben und Glück. Dieses Thema bezeichne ich hin und wieder als Grundnot oder Lebensthema.
- Bei der Betrachtung konkreter Streitereien einer Vielzahl von

Paaren hat sich bislang immer herausgestellt, dass die Lebensthemen (Grundnöte) der beiden jeweils beteiligten kleinen Ich-Anteile sehr ähnlich, oft sogar identisch sind.

- Daraus leite ich die Annahme ab, dass zwei Menschen auch deshalb zusammenfinden, um gemeinsam an eben diesem Thema zu wachsen und sich von den Lösungsansätzen des Partners inspirieren zu lassen. Denn allein dadurch, dass der andere in der Nähe ist, bekommt man unmittelbar Zugang zu dessen Lösungsansätzen, die für die eigenen noch unbewältigten Aufgaben hilfreich sein könnten.

- Aber warum kollidieren die zwei kleinen Anteile dann immer wieder? Nehmen wir an, beide Partner haben als ähnliches Lebensthema »zu wenig Anerkennung«. Dann ist dieses Thema auch für beide ein schwieriger Bereich. Fordert nun der eine Anerkennung von dem anderen, tut er dies, weil in ihm bereits ein kleiner Anteil übernommen hat, das heißt, er ist in diesem Moment von einem Aufmerksamkeitsmangel »gefärbt« und entsprechend belastet. Aufmerksamkeitsmangel ist aber gleichzeitig auch das Schlüsselwort für einen kleinen Anteil des Partners. Rutscht der nun ebenfalls in das alte Verhaltensmuster hinein, ist er gerade bestimmt nicht bereit und in der Lage, das zu geben, was er selber braucht. Was also ist zu tun? Beide Partner haben die Aufgabe, jeweils Verantwortung für die eigenen kleinen Anteile zu übernehmen und zu lernen, anders mit den kleinen Anteilen des Partners umzugehen.

- Verantwortung für die eigenen kleinen Anteile zu übernehmen bedeutet:

1 zu wissen, dass es so etwas wie einen kleinen Anteil gibt

2. zu erkennen, was der kleine Anteil will, wie er arbeitet, was seine Grenzen sind und wie er zu befrieden ist

3. den kleinen Anteil als Teil der eigenen Person anzuerkennen, auch wenn er einem peinlich oder unangenehm ist

4. dafür zu sorgen, dass im eigenen Leben das einzieht, was der Kleine braucht. Dafür lohnt es sich, auch mal auf den Partner / die Partnerin zu schauen: Studieren Sie, wie er/sie versucht, dieses Problem (z. B. Mangel an Anerkennung) zu lösen. Beachten Sie insbesondere jene Verhaltenswei-

sen, die Sie nicht an ihm/ihr mögen. Und dann probieren Sie einfach mal aus, ob und wie Sie genau diesen Weg in Ihr Leben einbauen könnten. Holen Sie sich also Anregungen von Ihrem Partner / Ihrer Partnerin. Schließlich haben Sie sich genau diesen Menschen vermutlich deshalb ausgesucht, weil Sie etwas von ihm/ihr lernen können ...

- Einen anderen Umgang mit dem kleinen Anteil des Partners zu finden bedeutet:
  1. zu lernen, dass die kleinen Anteile des Partners in seiner Lebensgeschichte begründet sind. Dass sie sich in der Partnerschaft zeigen, hat nichts mit Ihnen als Person zu tun. Daher lautet die primäre Aufgabe: Gehen Sie innerlich auf Distanz zu der augenblicklichen Situation. Dann werden Sie vielleicht schon wissen, was genau zu tun ist, sobald der andere mal wieder von einem kleinen Anteil dominiert wird.
  2. Wenn es Ihnen gelingt, in ruhiger Distanz zu bleiben, können Sie einen kleinen Anteil Ihres Partners auch direkt fragen, was er braucht. Sinnvoller aber ist es, mit dem erwachsenen Anteil ins Gespräch zu kommen. Denn die meisten Menschen wissen recht gut, was sie in »schlechten Momenten« von dem anderen brauchen.
  3. Probieren Sie die gemeinsamen Erkenntnisse und gegenseitigen Anregungen später vorsichtig aus. Reden Sie immer wieder miteinander darüber.
  4. Bei allen Begegnungen mit dem kleinen Anteil des Partners geht es um den möglichst wertschätzenden Umgang mit einem »schwachen« Aspekt des geliebten Menschen.

***

Wichtig: Bleiben Sie geduldig. Vieles ist machbar, manches braucht aber seine Zeit. Und immer wird es einen Rest geben, bei dem es nur darum geht, diesen als gegeben zu akzeptieren.

Aus meiner Sicht sind wir Menschen auf der Erde, um Erfahrungen zu machen und aus ihnen zu lernen. Das Leben ist also eine Schule, in der wir immer wieder gefordert werden; jedes Problem bietet aktuellen Lernstoff. Und sind gerade keine Probleme da, die es zu lösen gilt, so können wir immer noch lernen, diese Phasen ganz bewusst zu genießen.

Szenen geteilten Glücks - Lösungen

Erinnern Sie sich noch an die zwei Szenen aus dem ersten Teil? Hier werden sie noch einmal aufgegriffen, allerdings hat jetzt wenigstens einer von beiden bereits dieses Buch gelesen oder ein paar Sitzungen Therapie gemacht. Sie sehen jeweils zwei Lösungsvarianten.

Szene I-a

Sie: (wäscht ab, ist völlig entnervt) »Wieso bringst du nie den Müll runter?«

Er: (hat sofort registriert, was gerade mit ihr los ist, lässt sich also nicht provozieren, sondern bleibt ruhig) »Ja, du hast recht. Es bleibt oft viel zu viel an dir hängen. Und da ich den ganzen Tag nur am Schreibtisch gesessen habe, tut mir ein bisschen Bewegung bestimmt ganz gut. Ich fange mal mit dem Müll an und nehme auch gleich die leeren Flaschen mit runter.«

Sie: (dreht sich zu ihm um, ist schon in einer anderen Stimmung) Schön, dass du mir hilfst. Aber so eilig ist das jetzt doch nicht, lass uns erst etwas essen. Danach können wir das ja dann zusammen machen …«

Er: »O ja, gute Idee.«

Szene I-b

Sie: (hat schon vorhin gemerkt, dass sie an der Grenze ihrer Kraft ist, und sofort alles stehen lassen, sich spontan mit einer Freundin verabredet und zwei Stunden im Café verbracht. Als er nach Hause kommt, sitzt sie entspannt auf der Couch.) Hallo, wie geht es dir, Liebster?

Er: (leicht irritiert) »Gut, und wie geht es dir?«

Sie: »Mir geht es auch gut. Ich war vorhin ziemlich gerädert, weshalb ich mir spontan eine Auszeit gegönnt habe. Das hat richtig gut getan. Und eigentlich würde ich jetzt am liebsten gar nicht kochen müssen ... Geht das?«

Er: »Hm, kochen würde ich jetzt auch nicht so gerne ... Hast du vielleicht Lust, essen zu gehen?«

Sie: »Gerne.«

Szene II-a

Er: (abends im Bett, er rückt in eindeutiger Absicht näher an sie heran)

Sie: »Nein, ich fühle mich nicht wohl, ich mag jetzt nicht.«

Er: (genervtes Seufzen)

Sie: (wendet sich ihm zu, richtet sich etwas auf, damit sie ihn anschauen kann, berührt ihn leicht an der Schulter) »Das ist jetzt genau so eine Situation, wie wir sie letzte Woche besprochen haben. Da hast du gesagt, dass es dir auch hilft, wenn ich wenigstens in deiner Nähe liege. Lass uns das doch einfach mal ausprobieren. Für mich wäre das jetzt nämlich auch schön. Darf ich mich an dich kuscheln?«

Er: (zustimmendes Murmeln)

Szene II-b

Er: (abends im Bett, er rückt in eindeutiger Absicht näher an sie heran)

Sie: »Nein, ich fühle mich nicht wohl, ich mag jetzt nicht.«

Er: »Oh, sorry, Süße, ich will dich ja gar nicht bedrängen, was ist denn mit dir?«

SZENEN GETEILTEN GLÜCKS - LÖSUNGEN

Sie: »Ich bin nur ein bisschen erschöpft, nichts Schlimmes.«
Er: »Kann ich was für dich tun, mein fleißiges Bienchen?«
(Dabei nimmt er ihre Hand und legt sich mit etwas Abstand neben sie.)

Welche Lösungen fallen Ihnen ein, wenn Sie sich nun an eine der letzten Kollisionen mit Ihrem Partner erinnern? Selbstverständlich dürfen Sie auch darüber nachdenken, was Ihr Gegenüber anders machen sollte, aber ich empfehle vorrangig nach Lösungen zu suchen, in denen Sie selber anders als sonst handeln. Orientieren Sie sich bei Ihrer eigenen Suche an den zwei zentralen Aufgaben:

Kümmern Sie sich um die eigenen kleinen Anteile und damit um Ihren »Beitrag« zu den gemeinsamen Problemen.

Gehen Sie wertschätzend mit den kleinen Anteilen Ihres Partners um.

PAARE IN KRISEN

ANHANG 1

AUSGEWÄHLTE PROBLEME

Eifersucht, Trennungsgedanken, das Fremdgehen und das Thema Sexualität sind häufige Themen zwischen Paaren. Ich schaue aus dem Blickwinkel des hier entwickelten Ansatzes auf das Geschehen und benenne Aufgabenstellungen für Betroffene.

Problem Eifersucht

Eifersucht zeigt sich in sehr vielfältiger Weise. Die eine Frau reagiert eifersüchtig, wenn der Partner vermeintlichen Konkurrentinnen hinterherschaut. Ein anderer Mann ist schon irritiert, wenn die Partnerin von anderen Männern angeschaut wird. Man kann aber auch auf die Aktivitäten, die Freunde, das Haustier oder den Besitz des Partners / der Partnerin eifersüchtig sein. Immer aber ist da eine Angst, den Partner mit anderen teilen zu müssen. Woher kommt diese Angst? Was stecken für Lebenserfahrungen dahinter? Offensichtlich ist, dass hier einer nicht einfach blind dem Geschehen bzw. dem anderen vertraut. Vielmehr ist es sogar so, dass ausgesprochenes Misstrauen regiert. Dem Partner wird nicht zugetraut, dass er in seiner Zuwendung verlässlich ist. Gleichzeitig ist da vermutlich auch das Gefühl, dass der Konkurrent / die Konkurrentin einem etwas wegnimmt.

Die Welt, in der so ein kleiner Anteil seine Überzeugungen gesammelt hat, war vermutlich von Brüchen oder zumindest Unsicherheiten in für diesen Menschen wichtigen Beziehungen belastet. Vermutlich wiederholten sich Situationen, in denen der Vater, die Mutter oder andere Bezugspersonen eben noch nah, im nächsten Moment aber nicht mehr erreichbar waren. Das Kind erlebte also immer wieder eine Atmosphäre der Angst vor dem nächsten (Vertrauens-)Bruch. Selbst wenn die Bezugsperson irgendwann tatsächlich präsent und eigentlich alles in Ordnung war, konnte der Mensch die vorhandene Nähe gar nicht mehr vertrauensvoll genießen, weil er sich innerlich schon für den bevorstehenden Abstand und das Verlassenheitsgefühl wappnet.

Auf der Suche nach einer Erklärung für so ein Geschehen findet ein Kind nur eine Antwort: »Ich bin selber dafür verantwortlich.« Denn aus der Perspektive von Kindern sind Erwachsene übermächtig, sie können Situationen erzeugen und auch wieder beenden, haben scheinbar jede Freiheit. Auf die Idee, dass diese »Götter« irren könnten, kommt ein Kind nicht. Was also liegt für das Kind näher, als sich selbst die Schuld zuzuschanzen ... Was von ihm als eigener Fehler, eigene Schuld oder eigenes Versagen betrachtet wird, ergibt sich aus den Worten und Handlungen der Personen in seiner Umgebung. Leicht kann die Überzeugung entstehen, wenig wert oder nicht vollständig zu sein. Diese Überzeugung nimmt das Kind dann mit in sein Leben und wird zukünftig in nahen Beziehungen immer wieder auf dieses Programm zurückgreifen. Wenn der Partner gerade nicht da ist oder sich die Gefahr abzeichnet, dass er gleich verschwindet, übernimmt der kleine Anteil ... und schon hat der Mensch Angst davor, den anderen zu verlieren. Eifersucht wäre ein mögliches Ergebnis.

Was muss jemand, der unter Eifersucht leidet, lernen? Aus dem beschriebenen Blickwinkel betrachtet, ist eine zentrale Aufgabe, die Annahmen über den eigenen Wert möglichst tiefgreifend zu verändern. Zusätzlich geht es darum, Erfahrungen zu sammeln, die belegen, dass es in nahen Beziehungen auch Verlässlichkeit und Sicherheit geben kann.

Menschen mit so einem Hintergrund versuchen oft, ihren Kindern solche Erfahrungen zu ersparen, indem sie ihnen eine sehr verlässliche Welt erschaffen. Wenn sie nun lernen, sich selbst als festen Bestandteil dieser verlässlichen Welt zu erleben und diese Erfahrungen in sich aufzunehmen, haben sie einen wichtigen erwachsenen Schritt getan.

Problem: Trennen oder nicht trennen?

Paare, die sich zu lange dem Wirken der kleinen Anteile ausgesetzt haben, verlieren irgendwann die nötige Basis, um die Beziehung im positiven Sinne weiterführen zu können. Jede Kollision der kleinen Anteile führt zu Verletzungen und zum schrittweisen Wegbrechen des vorhandenen Vertrauens und somit auch der Liebe zueinander. Kommt ein Paar erst sehr spät in die Paartherapie, ist womöglich nichts mehr da, was als Grundlage für das Weiterführen der Beziehung dienen könnte. Hier geht es dann darum, Wege für eine Trennung zu finden, ohne dass die kleinen Anteile das Ruder übernehmen. Denn sonst wird auch die Trennung eine extrem schmerzhafte Angelegenheit.

Kommt ein Paar hingegen rechtzeitig in die Paartherapie, gibt es bei den meisten hinreichend Boden für eine Fortsetzung der Partnerschaft. Selbst wenn beide bereits über eine Trennung nachgedacht hatten, heißt das nicht, dass diese auch notwendig ist. Denn nur die kleinen Anteile sind auf Trennung aus, weil sie von dem Gegenüber, das nicht in der Lage zu sein scheint, ihre Belange zu erfüllen, enttäuscht sind. Der Frust der kleinen Anteile ist jedoch kein Maßstab und sollte daher niemals an Beziehungsentscheidungen beteiligt sein.

Ist der positive Bezug in der Beziehung noch hinreichend stark, geht es unter anderem darum, innerhalb der Beziehung auch als Individuen zu leben und sich nicht in einem »Paarbrei« zu verlieren. Beide sollten beispielsweise auch freundschaftliche Kontakte außerhalb der Paarbeziehung pflegen und Lebensbereiche haben, die sie nicht mit dem anderen teilen. Nicht alles muss gemeinsam gemacht werden. Im Gegenteil. Gerade Paare, die in der Lage sind, sich auch mal für ein paar Stunden in verschiedene Richtungen zu begeben, können umso besser auch intensive Nähe gestalten. Denn Liebe ist geistig-seelische, aber bestimmt nicht dauernde physische Nähe. Liebe ist ein dynamisches Geschehen, das umso intensiver wird, je mehr (räumliche) Nähe-Distanz-Bewegungen beide praktizieren.

In meiner Praxis sind mir mehr als einmal Paare begegnet,

die meinten, sich trennen zu müssen, doch bei genauer Nachfrage wussten sie nicht warum eigentlich. Nachforschungen haben dann ergeben, dass einer der Partner als Kind die Trennung seiner Eltern miterlebt hatte. Geschah diese Trennung zum Beispiel, als das Kind zwei Jahre alt war, inszeniert der kleine Anteil die Trennung von dem Partner, wenn das eigene Kind genauso alt ist. In den Lebenserfahrungen ist eingebrannt, dass Eltern sich trennen, wenn das Kind zwei Jahre alt ist. Daher habe ich mir bei Paaren, die von Trennungswünschen reden, angewöhnt, sofort nach den familiären Hintergrunddaten zu fragen. In einigen Fällen ergaben sich dadurch schnell schlüssige Begründungen für den aktuellen Wunsch nach Trennung. Dank dieses Wissens fiel es den betroffenen Paaren nun sogar sehr leicht, die angedachte Trennung auf Eis zu legen.

Denkt ein Paar über Trennung nach in der Annahme, nicht zueinander zu passen, sollte bedacht werden, dass die Probleme erzeugenden Teilpersonen bei beiden Partnern schon lange vor Beginn der Beziehung da waren. Die Ursachen für die jetzigen Probleme sind also nicht in der Beziehung entstanden, sondern wurden bereits mitgebracht. Sie zeigen sich zwar in der aktuellen Beziehung, würden sich aber genauso oder ähnlich in jeder anderen Partnerschaft zeigen. Sich zu trennen hätte also den (kurzfristigen) Vorteil, die Probleme zeitweilig nicht mehr zu haben – aber eben nur bis zu der Nachfolgebeziehung, weil die eigenen Störenfriede (die «kleinen» Ich-Anteile) nun mal überall hin mitkommen.

Problem: Fremdgehen

Szene

Vor einem Jahr sahen sich Marion und Volker zufällig wieder. Volker war Marions Jugendliebe gewesen. Die darauf folgenden regelmäßigen Kontakte nahmen schnell den Charakter eines Verhältnisses an.

Marion sagt, dass ihr erst durch die Begegnung mit Volker bewusst geworden sei, wie sehr sie diese emotionale Intensität in ihrer Ehe vermisst habe. Ihr sei klar geworden, dass das, was sie in ihrer Ehe erlebt, für sie in vielen Belangen nicht stimmt. Sie habe sich in eine Ehesituation gefügt, die richtig und zwingend schien. Eine Alternative dazu sei für sie bisher nicht denkbar gewesen. Jetzt denkt sie zwar über Veränderungen nach, kann sie aber doch nicht in ihr Leben integrieren.

Marion und Volker haben beide einen Ehepartner und Kinder. Beide fühlen sich verpflichtet, ihre Familien – »für die Kinder« - aufrechtzuerhalten. Allerdings wollen sie auch nicht wieder vollkommen in die alte Situation zurückkehren, wollen auf das, was sie miteinander finden, nicht verzichten.

Als Marions Ehemann Erich merkte, dass seine Frau sich veränderte, fing er an, sich wieder um sie zu bemühen, suchte Gespräche und warb darum, neue Nähe mit ihr aufzubauen. Irgendwann aber inspizierte er ihr Handy und entdeckte Kurznachrichten des Rivalen. Marion leugnet alles, »verkauft« den Kontakt zu Volker als Freundschaft.

Auffällig ist, dass Marion sich viele Jahre in eine Situation gefügt hatte, die für sie nie wirklich stimmte. Die Veränderung in Erichs Verhalten ihr gegenüber, allein dadurch, dass sie sich innerlich distanzierte, zeigt aber, dass Marion das Potenzial ihrer gemeinsamen Beziehung nicht ausgeschöpft hatte. Sie hatte sich mit einer nicht zufriedenstellenden Situation arrangiert und darauf verzichtet, etwas zu unternehmen, um diese zu verändern. Ein typisches Verhalten kleiner Anteile. Irgendwann in ihrer Kindheit hatte Marion offenbar gelernt, dass es das, was sie braucht, nicht gibt und im Kontakt mit ihren Eltern erfahren, dass es sich auch nicht lohnt, darum zu kämpfen. Die Eltern waren auf Marions Bemühen um Veränderung einfach nicht eingegangen. Die gelernte Lektion wandte sie später in ihrer Ehe an: Unstimmige Bedingungen nimmt sie hin, ohne den Versuch zu machen, um

Besserungen zu kämpfen. Dasselbe Verhalten wiederholt sich inzwischen genauso in ihrer Beziehung zu Volker. Auch hier weiß sie zwar, was sie will, fügt sich aber in die gegebene Situation. Wieder kämpft sie nicht für ihr Glück, innerlich davon überzeugt, dass dieser Kampf sowieso vergeblich ist. Das Argument, ihren Kindern die Familie zu erhalten, klingt lobenswert, passt aber auch perfekt in das alte Denkmuster.

Marion weiß nicht, dass es möglich ist, sich selbst eine stimmige Situation zu gestalten. Ihr fehlt die Erfahrung, zu Hause glücklich zu sein. Hingegen ist sie bestens darin trainiert, sich mit unstimmigen, unzufrieden machenden Situationen abzufinden. Sie ist geübt darin, auszuhalten und nicht zu kämpfen. Negatives Erleben dominiert. Eine zentrale Aufgabe für sie wird es sein, die Dominanz negativen Erlebens in ihrem Alltag zu unterbrechen und stattdessen zu erfahren, wie es sich anfühlt, zufrieden zu sein.

Ganz sicher gibt es bei ihrem Mann Erich genau wie bei ihrem Liebhaber Volker kleine Anteile, die mit ihren kleinen Anteilen kooperieren. Wie so oft bei Paaren mit ihren ähnlichen Lebensthemen, ist auch Erich es nicht gewohnt, Erfüllung zu leben. Insofern hatte auch er sich mit der unbefriedigenden (Ehe-)Situation abgefunden. Erst als es zu spät war und Marion sich von ihm abwandte, änderte er sein Verhalten. Und Volker? Er fügt sich ebenfalls in eine für ihn nicht stimmige Situation: Die Frau, die er liebt, ist zwar greifbar nahe, aber für ihn scheinbar unerreichbar.

Alle drei Personen finden zueinander, weil sie ein Herzensthema teilen: »Das, was ich will, ist unerreichbar.«

Schauen wir noch auf einen weiteren Aspekt des Fremdgehens: Eine dritte Person wird in die Beziehung eingebunden. Was geht damit einher? Zwangsläufig driften die beiden ursprünglichen Partner auseinander. Die Nähe wird vermindert, miteinander gelebte Zeit verringert. Und zumindest für den fremdgehenden Partner nimmt die Bedeutung des »Hauptpartners« für das eigene Leben ab.

Grundsätzlich handelt es sich hier also um Distanzierung: Marion ging auf Abstand, weil die Liebe zu ihrem Mann durch das jahrelange Regieren kleiner Anteile zermürbt worden war. Nun war sie offen für ihre Jugendliebe.

Fremdgehen weist meiner Meinung nach immer darauf hin, dass zwei sich zu sehr auf Alltag und Routine eingelassen haben. Dass Sie etwas miteinander leben, was längst hätte modifiziert werden müssen. Idealerweise sollte der Partner, der merkt, dass er beginnt, sich ernsthaft nach anderen umzuschauen oder plötzlich offen ist für Annäherungsversuche Dritter, sich sofort an seinen Lebenspartner wenden und mit diesem darüber sprechen. Ungefähr so: »Irgendetwas stimmt in unserer Beziehung nicht. Ich habe gemerkt, dass ich wieder anderen hinterherschaue. Lass uns bitte dringend miteinander reden.« Auch in dieser Situation kann das Ich-Anteile-Modell für die nötige Entspannung sorgen. Dann wer weiß, dass beide Partner immer wieder von kleinen Anteilen in die Irre geleitet werden, kann sich solidarisch und ohne Feindseligkeit (»Du liebst mich nicht mehr, du willst mich verlassen«) miteinander auf die Suche nach dem Wirken der störenden kleinen Anteile machen.

Problem: Sexualität

Das Thema Sexualität liefert Stoff für viele Konflikte, Spannungen, belastete Atmosphären et cetera. Sexualität und kleine Anteile, geht das zusammen? Da kleine Ich-Anteile in einer Lebenszeit entstehen, in der Sexualität noch keine Bedeutung hat, könnte man annehmen, dass das Thema für kleine Anteile keines darstellt. Weit gefehlt!

Die kleinen Anteile spielen hier fleißig mit. Und genau deshalb geht es bei vielen Konflikten, in denen Sexualität eine Rolle spielt, mindestens genauso stark um die Themen der Kleinen, also um den Stoff der aus der Kindheit »übrig geblieben« ist beziehungsweise von dort mitgebracht wurde.

Natürlich will der Partner, der sich mit seinen sexuellen Bedürfnissen nicht befriedigt sieht, auch Sexualität. Aber besonders belastend wird es für ihn, wenn er sich nicht nur sexuell auf dem

Trockenen fühlt, sondern er sich das Geschehen zusätzlich zum Beispiel als persönliche Zurücksetzung übersetzt. Auch der Partner auf der anderen Seite kann das Begehren nach mehr Sexualität in vielerlei Weise negativ verstehen. Er/sie kann sich z.b. bedrängt fühlen, nicht gesehen, nicht wertgeschätzt, schuldig, unzureichend, mal wieder nicht gut genug et cetera.

Alle Themen kleiner Ich-Anteile sind mit Sexualitätsproblemen vereinbar. Dabei führt die Beteiligung kleiner Ich-Anteile nicht immer zu offenen Konflikten oder gar Streitereien. Beide Partner können durchaus längere Zeit von kleinen Anteilen gelenkt sein, ohne dass dies auffällig wird. Schließlich sind die damit gekoppelten Verhaltensweisen schon lebenslang vertraut und solange alles gut läuft, besteht keine Notwendigkeit damit aufzuhören. So kann es also durchaus sein – und bei vielen Paaren geschieht das vielleicht häufiger –, dass kleine Anteile miteinander Sex haben. Die Sexualität dient dann auch den Zielen der kleinen Anteile. Also zum Beispiel dafür, Anerkennung zu bekommen, geliebt, beachtet, wertgeschätzt zu werden et cetera.

Ist das etwas schlechtes? Nicht unbedingt, aber es ist mit Sicherheit ein eingeschränktes Erlebnis. Kleine Anteile sind Programme für Notzeiten und sie regieren, wenn die unbewusste Psyche überzeugt ist, dass Not herrscht – bzgl. des Themas des kleinen Anteils, der dann ans Ruder geholt wird. Not geht einher mit negativem Erleben. In jedem Fall wird sich das etwas anders anfühlen, mal als Stress, Anspannung, erhöhte Aufmerksamkeit, Unruhe oder auch verminderte Energie, innere Zurücknahme, gebremste Gefühle et cetera.

Innerlich ist die betroffene Person beim Sex also noch auf einem ganz anderen Gebiet unterwegs und daher weniger bei der Sache. Sexualität lebt aber von der Intensität der Begegnung, vom beidseitigen Einlassen auf den gegenwärtigen Moment und das Gegenüber. Kleine Anteile stehen dem im Weg, ohne sie würde die sexuelle Begegnung vermutlich sofort eine andere Qualität erreichen.

Der erste Schritt heißt daher, wie bei allen anderen Problemen im Miteinander, zuerst die kleinen Anteile zu entdecken und

AUSGEWÄHLTE PROBLEME

dann die innere Ich-Führung zu wechseln. Erwachsene Ich-Anteile können mit den Fragen deutlich gelassener umgehen, das gilt insbesondere für so ein sensibles Thema wie die Sexualität

PAARE IN KRISEN

ANHANG 2

PAARTHERAPIE MIT ICH-ANTEILEN

In Gesprächen mit Kollegen wurde deutlich, dass der hier vorgestellte Ansatz auch für andere Paartherapeuten interessant ist. Zum einen, weil er leicht zu vermitteln ist und zum anderen, weil er vergleichsweise schnell zu konkreten Aufgabenstellungen führt. Wir schauen noch einmal aus dem Blickwinkel des Therapeuten auf die Thematik und geben zusätzliche Hinweise und Anregungen für den professionellen Anwender. Auch für andere Leser kann diese Weise der Annäherung zur weiteren Klärung und zum besseren Verständnis beitragen.

Vorbereitung

Um mit den Klienten in einer gemeinsamen Sprache verhandeln zu können, stellt sich die Aufgabe, im richtigen Moment, möglichst kurz und präzise zu vermitteln, dass es so etwas wie Ich-Anteile gibt - und wie diese bei ihnen aussehen. Je konkreter der Therapeut dabei die Probleme und Gegebenheiten des Paares erfasst und in die Erklärung einbindet, umso eher sind die Klienten in der Lage und willens, dieses Modell anzunehmen, und umso schneller gelingt es ihnen, ein Verständnis für die Not ihrer eigenen kleinen Anteile zu entwickeln. Hier kann man auch den Vorteil nutzen, dass es den meisten relativ leichtfällt, bei ihrem Partner kleine Anteile auszumachen und als solche zu verstehen. Wogegen sie sich anfänglich schwer tun, auch eigene kleine Anteile anzunehmen.

Der Therapeut muss also zunächst Material sammeln. Er muss möglichst viele Details über die Beschaffenheit, die Sprache und Bedürfnisse der beteiligten kleinen Ich-Anteile heraus bekommen. Sehr gut ist die Eingangssituation einer Paartherapie dafür geeignet. Denn vor allem zu Beginn dominieren kleine Ich-Anteile das Geschehen.

Erste Sitzung: Die Macht der Kleinen

Zu Beginn einer Paartherapie sind die Partner meist extrem angespannt. Alle Probleme der letzten Zeit stehen im Vordergrund. Der Umstand, dass jetzt der Paartherapeut als Zeuge/Zuhörer/Begleiter anwesend ist, trägt dazu bei, dass sich die Partner von dem negativen Erleben regelrecht ergreifen lassen. Sie stecken voller Vorwürfe gegen den anderen, zum Teil aber auch gegen sich selbst; manche habe ihre Kritik bislang auf Zetteln notiert und wollen es jetzt endlich vortragen. Aus Sicht des hier dargestellten Modells werden beide Partner in diesem Moment von kleinen Anteilen dominiert. Erwachsene Ich-Anteile haben aktuell Sendepause. Für den Therapeuten geht es jetzt darum, zuzuhören und gegebenenfalls nachzufragen. Die kleinen Anteile wollen und sollen auch gehört werden. Die Kleinen nutzen die Chance der Therapiesitzung, sich endlich Aufmerksamkeit zu verschaffen, weshalb sie überhaupt keine Veranlassung sehen, anderen Ich-Anteilen den Vorrang zu lassen oder sich auf eine Metaebene zu begeben. Die Kleinen wollen, dass man sich ihre Not anhört und sich damit beschäftigt.

Daher ist die Eingangssituation für den Therapeuten eine günstige Gelegenheit, sehr viele Details über die kleinen Anteile zu erfahren. Die Kleinen teilen nämlich auch mit, wo ihre Empfindlichkeiten liegen, was also die Auslöser für das Erleben der inneren Not sind. Auch das Lebensthema taucht »zwischen den Zeilen« immer wieder auf. Ungefiltert machen die kleinen Anteile deutlich, was ihnen fehlt - und durch gezieltes Nachfragen lässt sich auch erschließen, wie sie ihren Mangel auszugleichen hoffen. So kann man die kleinen Anteile z. B. auch direkt fragen, was der

Partner für sie tun kann und wie er mit ihnen umgehen sollte. Das sind Informationen, die für den Partner in Zukunft sehr wertvoll sein können.

Beispiel für das Befragen eines kleinen Anteils

Einen kleinen Anteil direkt zu befragen ist in einem geschützten Rahmen wie der Therapiesitzung besonders sinnvoll, weil der Therapeut als distanzierter Beobachter anwesend ist. So ist die Gefahr gering, dass sich das Paar erneut in Streitereien verstrickt.

SZENE

Zehn Minuten der ersten Paarsitzung sind vergangen. Die Klientin hat sich gerade über die Faulheit ihres Mannes beklagt: »Nie hilft er mir, alles muss ich allein machen.« Böse schaut sie auf ihren Partner, ist voller Vorwurf, sprich von einem kleinen Anteil gelenkt. (Therapeut = Th.)

Th.: »Was brauchen Sie von Ihrem Partner, wenn Sie in so einer Stimmung sind wie jetzt?«

Sie: »Dass er mal was von alleine tut.«

Th.: »Woran würden Sie denn merken, dass er mal was von alleine macht?«

Sie: »Wenn er mich fragt, ob er mir helfen kann.«

Th.: »Und woran noch?«

Sie: »Dass er seine dreckige Wäsche mal selber wegräumt und nicht tagelang liegen lässt, bis ich sie wegräume.«

Th.: »Was wäre Ihnen in so einer Situation noch wichtig, von ihm zu bekommen?«

Sie: »Er soll mal bemerken, was ich alles mache.«

Th.: »Wie soll er das tun?«

> **Sie**: »Wenn er mich jetzt loben würde, könnte ich das nicht annehmen … Aber manchmal nimmt er mich in den Arm und sagt mir, dass ich nicht so fleißig sein und mal eine Pause machen soll. Wenn er mich dann noch fragen würde, ob er mir einen Kaffee machen soll, wäre ich im Himmelreich.«

Natürlich frage ich ihren Mann, ob er weiß, was seine Frau mit ihren Worten ausgedrückt hat. Da dieser aber gerade selber von einem kleinen Teil dirigiert wird, der nur darauf wartet, endlich seine eigene Not mitzuteilen, ist er überhaupt nicht offen für die Bedürfnisse seiner Partnerin. Und so bejaht er meine Frage zwar zunächst, doch schon nach wenigen Sekunden hat er ihre Worte sicherlich vergessen. Ich notiere mir daher die Wünsche der Klientin und werde sie später dem erwachsenen Anteil des Klienten noch mal nennen.

> **Seine** ersten Reaktionen: »Ich schufte den ganzen Tag für die Familie … und dann kann sie noch nicht mal meine Socken wegschaffen?« »Ich soll mal was alleine machen, aber sie vorher fragen … Überall will sie ihre Finger drin haben, alles bestimmen. Sie hält das ja gar nicht aus, wenn ich mal was alleine mache im Haushalt.«
>
> **Th.**: »Wenn Sie sauer sind auf Ihre Frau, was brauchen Sie dann von ihr?«
>
> **Er**: »Dass sie mich mal in Ruhe lässt.«
>
> **Th.**: »Wie könnte das aussehen?«
>
> **Er**: »Na, sie sagt einfach mal nichts.«
>
> **Th.**: »Mal einfach nichts sagen, reicht das? Oder könnte sie noch mehr tun?«
>
> **Er**: »Na ja, manchmal nimmt sie meine Hand und hält sie einfach, das ist noch besser.«
>
> **Th.**: »Gibt es noch mehr, was sie tun könnte?«

Er: »Sie soll nicht gleich wieder eine Aufgabe für mich haben, sondern mir mal meine Ruhe lassen.«

Th.: »Wie lange möchten Sie dann in Ruhe gelassen werden?«

Er: »Eine halbe Stunde bestimmt, manchmal mehr.«

Das so erhaltene Material wird - natürlich entsprechend ausgewertet – in einer späteren Phase der Gespräche verwendet. Zunächst müssen die Klienten eine gewisse Distanz zu der anfänglichen Erregung bekommen. Idealerweise haben die Partner inzwischen etwas über die kleinen Anteile gehört und können akzeptieren, dass es so etwas gibt. Darüber hinaus haben sie bewusst erfahren, wie es sich anfühlt, wenn sie in einem erwachsenen Anteil sind, und wie sich die Probleme des Miteinanders aus dieser Sicht relativieren.

Als ich später (in derselben Sitzung) seinem erwachsenen Ich die Details aus ihrer Befragung (siehe oben) mitteile, kommt ein verständnisvolles Nicken: »Ja, ich weiß, dass ich ein bisschen schlampig bin, tut mir leid.« Einige Informationen waren aber auch neu für ihn, und er zeigte sich sehr neugierig, weil hier eine Chance zu sein schien, besser mit ihren ungeliebten Stresszuständen umgehen zu können.

***

Um im nächsten Teil der therapeutischen Sitzung das Modell der Ich-Anteile einzuführen, sollten möglichst beide Partner von einem erwachsenen Ich-Anteil geführt sein. Denn mit einem kleinen Anteil kann man nun mal nicht über kleine Anteile reden. In dem Moment, in dem der Kleine das Sagen hat, ist er vollkommen überzeugt, der Erwachsene selbst zu sein. Er wird sich vermutlich quer stellen und im Zweifel sogar angemacht oder beleidigt fühlen, wenn der Therapeut damit anfängt zu behaupten, dass der ein kleiner Teil sei, der da gerade spricht. So etwas funktioniert erst zu einem späteren Zeitpunkt. Erst dann, wenn die Person etwas über die kleinen Anteile erfahren hat und grundsätzlich ihren Frieden damit gemacht hat, dass es so ist. Dann kann so ein Hinweis des Therapeuten: »Achtung, da spricht jetzt wieder der Kleine«, meist sofort akzeptiert und positiv verwertet werden.

Einen erwachsenen Anteil hervorlocken

Der einfachste Weg, um den kleinen Anteil wieder abzulösen: Aufmerksamkeit schenken, ihm zuhören und vermitteln, dass er ernst genommen wird. Dadurch verringert sich der innere Druck im Betroffenen, und die Bereitschaft, sich wieder auf andere Aspekte der Gegenwart einzulassen, wächst. Ist allerdings nicht ausreichend Zeit dafür vorhanden, müssen Wege gefunden werden, um den kleinen Anteil zumindest in den Hintergrund zu drängen. Dies macht man mit recht einfachen Mitteln, obgleich sie nicht immer funktionieren. Mancher heraus gearbeitete große Anteil ist bei genauerer Betrachtung doch nur ein kleiner und manche Kleinen lassen sich zunächst nicht vertreiben.

Der kleine Anteil ist hervorgekommen, weil er Not in einem ihm wichtigen Aspekt erlebt. Um diese Not zu lindern, bietet er seine Denk- und Sichtweisen sowie Verhaltensmuster an. Wenn es nun gelingt, die Person dazu zu bringen, den Fokus auf etwas zu richten, wo diese Not keine Rolle spielt, wird der kleine Anteil wieder zurückschwingen und die innere Leitung anderen Ich-Anteilen überlassen. Da der kleine Anteil die gegenwärtige Situation als eine Wiederholung von unangenehmen Situationen aus der eigenen Kindheit erlebt, müsste das Aufspüren von Sicherheit eigentlich eine leichte Übung sein. Denn weder gibt es in der aktuellen Realität einen unangenehmen Elternteil in der Nähe noch irgendwelche Abhängigkeiten von der Herkunftsfamilie. Trotzdem ist es für viele keine leichte Angelegenheit, den Bezug zur gegebenen Sicherheit aufzunehmen. Ich erkläre mir das folgendermaßen: Die kleinen Anteile wehren sich dagegen, eine andere als die von ihnen gesehene Wirklichkeit anzuerkennen. Sie wurden in vielen Jahren optimiert und daher momentan das Beste, was die Person zur Linderung der aktuell erlebten Not entwickelt hat. Die Sichtweisen der erwachsenen Anteile sind den kleinen Anteilen fremd. So wie das Kind gelernt hat, nicht mehr auf die Eltern, sondern auf eigene Ideen zu setzen, so trauen die kleinen Anteile den großen Anteilen auch jetzt nicht zu, Besserung zu bringen. Tatsächlich stehen aber auch die erwachsenen Anteile den kleinen erst einmal sehr reserviert gegenüber. Daher geht es anfangs weniger um Kommunikation zwischen den Anteilen sondern darum, direkt in der Ich-Zentrale von dem kleinen auf einen großen Anteil umzuschalten. Denn die großen Anteile haben meist einen guten Zugang zu der tatsächlich gegebenen Sicherheit. Hier ist also alles vorhanden, was wir zunächst brauchen. Wie aber funktioniert dieses Umschalten?

Durch Themenwechsel zum erwachsenen Anteil

Themen, die etwas mit Verantwortung zu tun haben, sind besonders geeignete Lockmittel für erwachsene Anteile. Oft sind es aber auch Erinnerungen an gute Erfahrungen, die einen Große« hervorrufen. Ziel ist es in jedem Fall, innerlich an gegebene positive Aspekte des Lebens und vorhandene Sicherheit anzuknüpfen, so dass für die Notbehauptungen der kleinen Anteile einfach kein Platz mehr ist.

Bei den meisten Menschen kommt sofort ein erwachsener Anteil in den Vordergrund, wenn sie auf ihre *berufliche Situation* angesprochen werden. Das kann auch ganz unvermittelt sein, zum Beispiel: »Ich würde jetzt gerne kurz dieses Thema unterbrechen. Erzählen Sie mir doch bitte mal etwas über Ihren beruflichen Alltag.«

Gut geeignet ist insbesondere der Blick auf – für die betreffende Person – ganz normale Arbeitsabläufe, die aber *Verantwortung* erfordern. Von einem Kraftfahrer kommen dann vielleicht einige Sätze über seine Verantwortung für das Fahrzeug und die Ladung, über Verkehrsstaus und den angemessenen Umgang mit der Technik. Die Lehrerin wiederum berichtet vielleicht von der Problematik, schwierige Schüler zu integrieren. Der selbständige Handwerker von der Aufgabe, Auftraggeber mit Fingerspitzengefühl zu behandeln, und seinen Überlegungen, noch jemanden einzustellen.

Wenn man dabei auf die Veränderung von Gestik, Mimik, Körperhaltung und Sprachintonation schaut oder einfach nur auf die Veränderung des äußeren Eindrucks achtet, wird man feststellen, dass jetzt eine andere Seite derselben Person das Sagen hat. Meist ist dies ein erwachsener Anteil.

Hat das Hauptproblem, mit dem das Paar in die Praxis gekommen ist, jedoch wesentlich mit dem Beruf eines oder beider Partner zu tun (er/sie arbeitet zu viel, hat keine Zeit für mich oder Ähnliches), vielleicht sogar damit, dass zu viel an Verantwortung in der Arbeit gefordert wird, dann ist dies nicht der Stoff, der für das Hervorholen eines erwachsenen Ich-Anteils geeignet ist. Um einen anderen Bereich zu finden, sollten Sie fragen, was im Leben des Klienten gute Gefühle hervorruft.

Ein gutes Gefühl

Hier sind alle Fragen und alle Themen erlaubt, die für einen Moment ein angenehmes Gefühl ermöglichen.

- »Gibt es auch gute Seiten in der Beziehung?«
- »Schildern Sie doch mal eine gute Erfahrung im Miteinander.«
- »Was war Ihre schönste Urlaubserfahrung?«
- »Unter welchen Bedingungen geht es Ihnen richtig gut?«
- »Was macht Ihnen in Ihrem Leben besonders viel Spaß?«
- »Was möchten Sie in Ihrem Leben unbedingt noch tun?«

Sollte eine Frage eher Stress als Ruhe auslösen, muss der Fokus sofort auf ein anderes Thema gelenkt werden, eventuell mit der Frage: »Welches Thema löst bei Ihnen sofort ein gutes, ein entspanntes Gefühl aus?«

Bei manchen Klienten ist die Bereitschaft, sich auf solche Fragen einzulassen, vor allem in einer der ersten Therapiesitzungen, überhaupt nicht gegeben. Schließlich sind sie hier, um sich zu beschweren, um den anderen anzuklagen. Jeden Blick auf die schönen Situationen halten sie in diesem Moment für reine Zeitverschwendung. Hier hilft manchmal eine klärender Satz wie: »Ich möchte nicht von den gegebenen Problemen ablenken, sondern nur kurz erfahren, was auf der anderen Seite an positiven Gemeinsamkeiten existiert. Zwei Minuten genügen.« Sollte dann immer noch keine Bereitschaft dafür da sein, sollten Sie den aktuell agierenden kleinen Anteilen erst mal noch mehr Gehör schenken und ihnen auf diese Weise vermitteln, dass sie gehört werden.

Nur scheinbar »groß«

Mitunter ist es nicht ganz einfach, zu den erwachsenen Anteilen vorzudringen. So sollte man bei den Antworten zu den erfragten guten Situationen etwas aufpassen, denn auch die kleinen Anteile kennen gute Situationen. Ein um Anerkennung ringender »Kleiner« könnte voller Stolz von einem Auftritt erzählen, bei dem er besonders erfolgreich war (= die volle Aufmerksamkeit bekommen hat). Und ein um liebevolle Zuwendung kämpfender »Kleiner« erinnert den Moment, als ihm Bewunderung zuteilwurde. Vorsicht Falle: Da fühlte sich der Kleine zwar für einen Moment groß und vollwertig, blieb aber letztlich doch der Kleine, der (einem Kind gemäß) sich nach Anerkennung von außen sehnt. Erwachsene Anteile brauchen das auch, aber haben innerlich Zugang zu Ihrem Bestätigungsnetzwerk in Familie, unter Kollegen, Freunden und Bekannten. Darüber hinaus können sie sich mit dem Wissen um die eigenen Qualitäten und Erfolge auch selber bestätigen. Bleibt die Anerkennung von außen dann mal aus, wird dies demzufolge nicht als große Not erlebt. Nur für einen kleinen Anteil (der den Mangel an Anerkennung als Thema hat) ist die Anerkennung anderer von überlebenswichtiger Bedeutung.

Kontakt zur gegenwärtigen Realität herstellen

Für unsere Suche nach einem erwachsenen Anteil können wir auch die Tatsache ausnutzen, dass kleine Anteile immer Bezug auf Situationen nehmen, die längst vergangen sind. Zwar werden sie von Aspekten der Gegenwart (»Du bringst nie den Müll runter«) ausgelöst, beziehen sich in der Auswertung ihrer Wahrnehmung und ihrem emotionalen Erleben jedoch auf Kindheitserfahrungen.

Aus dieser Zeit beziehen die Klienten dann ihre innere Gestimmtheit. Der Müll der Gegenwart ist dann die Projektionsfläche für das alte Erleben, nicht wichtig zu sein. Wenn es nun gelingt, den Kontakt zur aktuellen Realität zu erweitern und zu vertiefen, wird dadurch das Verhaltensmuster des kleinen Anteils unterbrochen. Jede bewusste Kontaktaufnahme zur Gegenwart ist an dieser Stelle hilfreich, beispielsweise durch einen sinnlichen Bezug auf Aspekte des Jetzt. In der Praxis nutze ich oft diese Variante:

> »Betrachten Sie etwas in Ihrer Umgebung und machen Sie sich dabei bewusst, was Sie sehen. Innerlich sagen Sie bitte ›Ich sehe‹ und ergänzen dann den Satz, mit dem, was gerade in Ihr Auge fällt, also z.b.: «Ich sehe vor mir das Buch». Lassen Sie den Blick zum nächsten Objekt wandern und formulieren innerlich erneut ›Ich sehe‹. (Machen Sie das mindestens dreimal)»Nun machen Sie es ebenso mit dem Hören. Hören Sie hin und sagen Sie sich innerlich ›Ich höre …‹ Bleiben Sie jetzt einen Moment im Kontakt mit dem eben Gehörten und suchen Sie dann einen anderen akustischen Bezugspunkt. Wieder sprechen Sie es innerlich aus: ›Ich höre …‹
>
> Sie könnten das Erleben erweitern, indem sie den Fokus des Hörens auf verschiedene Entfernungen oder Lautstärken richten, zum Beispiel: ›Ich höre ganz nah …‹; ›Ich höre weiter entfernt …‹, ›Ich höre in weiter Entfernung …‹«[12]

Das Ganze dauert etwa fünf Minuten, selten länger, bis mein Klient im Jetzt ankommt. Wird das therapeutische Gespräch nun fortgesetzt, ist zumindest für einen Moment eine andere Seite von ihm im Vordergrund: meist mit mehr Ruhe, Gelassenheit und auch Distanz zur aktuellen Not. Viele Klienten erleben diesen Wechsel des inneren Fokus wie ein kleines Aufatmen und sind ganz erstaunt, dass sie sich selbst von einem Moment auf den anderen so anders erleben können. Haben Sie es auch ausprobiert?

---

12 Vielfältige Übungen dieser Art finden Sie im Bereich der Aufmerksamkeitsschulung - einfach mal im Internet suchen.

Jetzt ist vielleicht eine gute Gelegenheit dazu.

Hier kommt noch ein andere Variante für die Herstellung einen sinnlichen Bezugs zur Gegenwart:

> »Richten Sie für einen Moment bitte Ihre Aufmerksamkeit auf Ihren Körper. Registrieren Sie, wo der Sitz/Sessel/Stuhl Ihren Körper berührt. Wo wird mehr Gewicht an die Unterlage abgegeben, wo weniger?«

Lässt sich der Klient darauf ein, seinen inneren Fokus auf die Wahrnehmung des Sitzmöbels zu richten, nimmt er dem kleinen Anteil die Zügel aus der Hand. Da in der gegebenen Realität (therapeutische Situation) keine Not herrscht, kann ein erwachsener Anteil die Zügel übernehmen. Für einen sensiblen Menschen ist dies auch atmosphärisch spürbar: Die Atmosphäre großer Anteile ist immer leichter und weiter und sehr viel angenehmer als die Atmosphäre kleiner Anteile. In diesen schwingen die belastend-beengenden Situationen der Kindheit mit und breiten sich im Raum aus. Das klingt für manchen vielleicht etwas spirituell angehaucht, für sensible Menschen ist das aber nachvollziehbar. In einem älteren Aufsatz von mir habe ich mir über diese Thematik Gedanken gemacht. Der Aufsatz »Leibliche Gegenübertragung, Aspekte leiblicher Kommunikation« befasst sich auch mit den Atmosphären, die im Miteinander entstehen und ist im Internet kostenfrei verfügbar[13]. Wen die sprachliche Erfassung von Gefühlen mehr interessiert, könnte mal bei Hermann Schmitz[14] nachlesen.

Noch einmal zur Erinnerung: Nur wenn ein großer Ich-Anteil am Ruder ist, macht es Sinn, das Konzept der Ich-Anteile zu erklären.

---

13 Krätzig, R. (1998).
14 Schmitz, H. (2007).

Das Konzept der kleinen Anteile in Kurzfassung für die Therapiesitzung

Um das Konzept in aller Kürze vorzustellen skizziere ich an der Tafel eine Zeichnung ähnlich wie in der Abbildung 4: »Komplexes Miteinander« (siehe Seite 80) und zeichne dann die Pfeile wie in Abbildung 5: »Gegenseitige Erwartungen«, von Seite 81 ein.

Ich stelle das ganze Geschehen dar als »So ist es!« und unterstreiche, dass wir das, was wir im Elternhaus nicht bekommen haben, heute vom Partner haben wollen. Dass also jeder Mensch einen kleinen Anteil hat und dass dieser von dem erwachsenen Partner einfordert, was damals fehlte. Anschließend weise ich darauf hin, dass die Konflikte, die das Paar so belasten, das Ergebnis des Aufeinandertreffens der zwei Kleinen sind. Behauptung: Die zwei können miteinander nichts anfangen. Die können nicht kooperieren, stattdessen konkurrieren sie miteinander.

Als Erklärung, was zur Bildung eines kleinen Anteils führt, erkläre ich, dass jeder kleine Anteil eine schützende Antwort auf das schmerzhafte Erleben von Unstimmigkeiten hinsichtlich emotionaler Grundbedürfnisse ist: fehlende Liebe, Mangel an Aufmerksamkeit, unzureichende Körperlichkeit, unzureichende Verlässlichkeit, zu hohe Anforderungen, zu viel Enge, zu wenig Spielraum, zu wenig Sprache, zu viel Unsicherheit … Es war so unangenehm, dass es im Zentrum der kindlichen Wahrnehmung stand. Ein neues, schützendes Verhaltensprogramm musste her, genau das war dieser sogenannte kleine Anteil. Der linderte damals die Not.

Mit dem Material, welches das Paar zu Beginn der Sitzung ausgebreitet hat, ist es nun möglich, die kleinen Anteile der beiden Partner mit konkreten Begriffen und Inhalten zu veranschaulichen, so dass beide Partner erkennen, wovon die Rede ist.

Folgende Aspekte sollten darüber hinaus vermittelt werden:

- Die kleinen Anteile sind als Antwort auf eine nicht selbst verschuldete[15] Notsituation entstanden.
- Die kleinen Anteile dienten damals dazu, Situationen zu bewältigen, die anders nicht auszuhalten waren.
- Meistens entstanden diese Kleinen ohne Hilfe von anderen. Das Kind hat also mit den eigenen begrenzten Mitteln eine Lösung kreieren müssen.
- Die Kleinen wollen immer nur helfen und sind fast nie feindlich[16] eingestellt. Sie dien(t)en dem Selbstschutz.
- Wird ein Agieren der Kleinen in der Gegenwart als feindlich erlebt, dann deshalb, weil die Kleinen sich verhalten wie im Damals. Sie gehen davon aus, dass noch dieselben Gesetzmäßigkeiten wie in der Kindheit gelten. Deshalb richten sie heute oft viel Schaden an.
- Um den Einfluss eines kleinen Anteils auf das heutige Leben zu verringern, muss der Kleine erkannt und bewusst »an die Hand genommen« werden. Jedes Verdrängen oder Verleugnen dieser Aspekte der eigenen Person führt nur dazu, dass der Kleine weiterhin unkontrolliert agieren kann.
- Sich mit den Kleinen zu beschäftigen wird positive Veränderungen für den Alltag heute und morgen hervorrufen.

Irritation

Die Konfrontation mit Ich-Anteilen führt bei einigen Klienten anfänglich zu Irritationen. Da kommen z.B. solche Äußerungen:

---

15 Für die Situation eines Kindes tragen immer die begleitenden Erwachsenen die Verantwortung. Viele kleine Ich-Anteile sind von ihrer eigenen Schuld, ihrem Versagen überzeugt. Diese Schuldannahme der Kleinen ist aber ein Irrtum. Kein Kind trägt irgendeine Schuld/ Verantwortung am eigenen Schicksal.

16 Von gegen die eigene Person agierenden kleinen Anteilen wird in der Ego-State-Literatur als »vereinzelt vorkommend« berichtet. Mir persönlich ist so ein Fall aber nie begegnet.

DAS KONZEPT IN ALLER KÜRZE

>»Aber ich war doch wirklich verletzt durch das Verhalten meines Mannes, ich habe es doch gefühlt. Das soll nicht <u>ich</u> gewesen sein, sondern nur ein kleiner Anteil? Aber das war niemand anderes!«

Wir waren noch in der ersten Paarsitzung und diese Klientin konnte mit der Vorstellung von Ich-Anteilen noch nicht mitgehen. Meine Antwort in diesem Fall:

>»Doch, das waren genau Sie selbst. Ich wollte nur ausdrücken, dass in dem Moment eine andere Seite Ihrer Person im Vordergrund stand. Jeder Mensch hat ganz verschiedene Seiten in sich. Als sie eben von dem schönen Wochenende erzählten zeigte sich eine Seite und als Sie von dem Streit erzählten, war da eine andere. Erinnern Sie sich, wie verschieden sich das angefühlt hatte? In beiden Momenten waren Sie aber ein und dieselbe Person. Nur wenn Sie ganz genau hin spüren, werden Sie merken, dass Sie plötzlich anders wahrnehmen, anders über das denken, was gerade geschieht. Dass Sie sich auch anders bewegen, Ihre Stimme einen anderen Klang hat und Sie auch andere Worte benutzen. In dem Konflikt mit Ihrem Mann war das so, als würde er sie genau so wenig sehen und wertschätzen, wie damals ihre Eltern. Deshalb hatten Sie auch so reagiert wie damals. Sie hatten sich schweigend zurückgezogen und Ihren Zorn mit sich allein ausgemacht. Und jetzt, da Sie aus der Distanz auf das Geschehen schauen? Wenn Sie genau hin spüren, können Sie den Unterschied bemerken; denn jetzt hat wieder ein andere Seite Ihrer Person die Oberhand.«

Manchmal greife ich auch folgendes Bild auf, um die Vielfältigkeit der eigenen Person zu verdeutlichen:

Stellen Sie sich einen Menschen wie einen vielflächig geschliffenen Diamanten vor. Je nachdem wie gerade das Licht darauf scheint ergibt sich ein anderer Eindruck. Die Farbe verändert sich und manche Flächen werden undurchsichtig, andere strahlen. Für Menschen ist es normal, sich beständig zu drehen und sich entsprechend der Situation in einem anderen Licht zu zeigen. Es bleibt immer derselbe Diamant der sich immer anders zeigt.

Den kleinen Anteil anerkennen

Manche Klienten wollen sich mit diesem Aspekt ihrer Person nicht auseinandersetzen, weil sie ihn massiv ablehnen. »Oh, nein, nicht diese Seite von mir! Ich hasse sie und habe deshalb immer versucht, sie aus meinem Leben rauszuhalten.«

Frau B. zum Beispiel, die sich selbst gerne als starke und unabhängige Frau sieht, weiß sofort, was ich meine, als ich von den kleinen Anteilen spreche. Sie weiß, dass sie eine Seite hat, die sich nach liebevoller Zuwendung sehnt und Angst vor Ablehnung hat. Wann immer sie diese Seite in sich spürt, versucht sie mit allen Mitteln, diese abzuwehren und nichts davon nach außen sichtbar werden zu lassen. Sie macht sich »hart«, verschließt sich emotional und zeigt sich als rationale Person, die nichts von anderen braucht. Ihre Lebensgefährtin beschwert sich darüber, dass Frau B. immer wieder in Zustände kommt, in denen sie unnahbar, emotional kalt und arrogant ist.

... bei »Kontrollmenschen«

Personen, denen es wichtig ist, im Leben die Kontrolle und den Überblick zu behalten, tun sich generell etwas schwerer mit den kleinen Anteilen. Sie wollen die Fäden in der Hand behalten und können die Vorstellung kaum ertragen, dass in ihnen Instanzen existieren, auf die sie keinen Einfluss nehmen können. Das Leben dieser Menschen ist geprägt von großer Anstrengung und einem grundsätzlichen Misstrauen anderen gegenüber. Darum machen sie lieber alles alleine. Meist sind sie auch der Überzeugung, es besser zu machen als andere. Wer irgendwann Misstrauen anderen Menschen gegenüber aufgebaut hat, lebt vermutlich mit einem entsprechenden Defizit und dem Bedürfnis, Vertrauen zu erleben. So strukturierte Menschen bauen daher häufig zwischenmenschliche »Netze«, also soziale Bezüge, die ihnen die fehlende Vertrauenserfahrung vermitteln sollen. Tatsächlich aber können sie nicht über den Schatten der Kindheit springen. Sie haben damals gelernt, dass es niemanden gibt, dem man vertrauen kann – und sind bis heute davon überzeugt.

Diese Menschen lassen sich mitunter damit locken, dass es relativ leicht möglich ist, die Kontrolle über die kleinen Anteile zu erlangen. Auch wenn dies nicht das eigentliche Ziel ist, so kann der Hinweis auf die mögliche Kontrolle doch eine gute Motivation für den Klienten sein, sich mit dem Thema auseinanderzusetzen. Die Angst vor dem Kontrollverlust wird hier also zur treibenden Kraft, sich der eigenen Person anzunähern.

... bei »Unsicherheitsmenschen«

Bei manchen Klienten besteht die Schwierigkeit darin, dass sich ein kleiner Anteil immer wieder sofort in die zentrale Ich-Position begibt. Hier wird dem erwachsenen Anteil keinerlei Raum gelassen, weil eine innere Instanz davon überzeugt ist, dass es dafür nicht sicher genug ist. Die aktuelle Situation wird als bedrohlich identifiziert, so dass jener kleine Anteil die Führung übernimmt, der gerade über das (vermeintlich) wirksamste Schutzsystem verfügt.

Hier fehlt Sicherheit auf mehreren Ebenen. Zum einen vermittelt die therapeutische Situation nicht genügend Vertrauen. Zum anderen fehlt es »intern« an Vertrauen. Das heißt, den eigenen erwachsenen Anteilen wird nicht die Kompetenz zugesprochen, die gegebene Situation gut lösen zu können. Und prompt werden sie wieder entmachtet.

Hier trifft die Regel zu, *dass ein Mensch immer nur so weit geht, wie er sich sicher fühlt.* Als Maßstab werden innere Erfahrungen herangezogen. Existieren keine Erfahrungen von Sicherheit, die mit der gegebenen Situation korrelieren, dann wird diese Situation folgerichtig als unsicher erlebt. Ganz gleich, was die Person in ihrem Wachbewusstsein darüber denkt. Sicherheit ist dabei für jeden etwas anderes, zusammenhängend mit dem Lebensthema der kleinen Anteile. Dreht sich dies z.B. um Wertschätzung, wird

Sicherheit erlebt, wenn eine wertschätzende Person in der Nähe ist et cetera.

Ich bin einigen Klienten begegnet, die in ihrem *Denken* vollkommen überzeugt waren, in Sicherheit zu sein, in ihrem *Verhalten* jedoch nicht den nächsten Schritt tun konnten. Vordergründig zeigten sie sich gelassen, vermeintlich entspannt und locker. Innerlich aber waren sie in einem Alarmzustand, wachsam und misstrauisch. Erst nachdem sie lernten, die gegebene Sicherheit in der Therapiesituation wahrzunehmen, zuzulassen und auch in der Tiefe zu entspannen, konnten sie verstehen, dass ihnen ihre kleinen Anteile keine wirkliche Sicherheit verschafften, sondern den Status der Unsicherheit nur zementierten.

Die Grenzen der Klienten wahren

Bei Menschen, die partout nicht offen dafür sind, kleine und große Anteilen bei sich zuzulassen, muss der Therapeut umschwenken und versuchen, mit dem hartnäckig regierenden kleinen Anteil Kontakt aufzunehmen, um herauszubekommen, was dieser braucht, damit er ein Gefühl von Sicherheit bekommt. Geht es hier um wesentliche Aspekte wie fehlendes Vertrauen, kann es durchaus passieren, dass der Kleine über Wochen, wenn nicht gar Monate präsent bleibt. Das zentrale Therapiethema sollte in dem Fall sein, das Fundament dafür zu schaffen, dass die Person sich zunehmend sicherer fühlt.

Im Rahmen einer Paartherapie könnte dies den anderen Partner unter Umständen überfordern, weshalb eine Sequenz von Einzelstunden hilfreich sein kann. Ist der Partner aber dazu bereit, den Prozess zur »Sicherung« des anderen mitzugestalten, sollte die Paarsituation ruhig fortgesetzt werden. In dieser bestimmt dann vermutlich der kleine Anteil des »unsicheren« Partners den gesamten Ablauf. Die große Aufgabe besteht somit darin, diesen Kleinen zu respektieren, ihn zu erreichen, mit ihm zu kommunizieren und schließlich Wege zu finden, ihn zu befrieden.

»Der andere ist schuld!«

Einige Partner kommen nur deshalb mit in die Paartherapie, weil sie hoffen, dass der Therapeut ihre Position unterstützt und dem Partner klar macht, dass dieser schuld ist an den herrschenden Problemen. Wenn ich als Therapeut dann versuche zu vermitteln, dass beide Partner an den Problemen beteiligt sind, höre ich von solchen Klienten oft, dass das völliger Blödsinn sei. Diesen Personen zu helfen ist tatsächlich sehr schwierig …

Meine bisherigen Erfahrungen im Umgang mit Paaren haben mir immer wieder bestätigt, dass (fast) alles, was innerhalb einer Partnerschaft geschieht, seine Ursache im Verhalten – also im Wahrnehmen, Denken, Empfinden und Handeln - beider Partner hat. In der Regel 50 : 50. Die »Schuld« bei nur einem zu suchen ist also stets eine unzulässige Verkürzung, die niemals zu einer für beide guten Lösung führt. Geht ein Partner fremd, trägt auch der »betrogene« Partner seinen Teil an Verantwortung. Insofern ist Schuld auch kein Begriff, den ich in diesem Zusammenhang verwenden würde. Denn beide handeln so, wie sie es in ihrem Leben gelernt haben. Auch das Konzept der kleinen Anteile fußt ja auf der Annahme, dass jeder Partner seinen Teil zu den *gemeinsamen* Problemen beiträgt. Insofern kann ohne die innere Bereitschaft, eine Eigenverantwortung an schwierigen Situationen in der Partnerschaft zuzulassen, keine konstruktive Mitarbeit in der Paartherapie entstehen.

***

Wer allerdings das Konzept der kleinen Anteile verstanden hat, weiß auch, dass jemand, der rigoros auf die alleinige Schuld des anderen verweist, von einem kleinen Anteil bestimmt ist, der offenbar mit dem Konzept arbeitet: Bloß keine eigene Schuld zulassen. Da sich diese Person offenbar nicht hinreichend sicher fühlt, greift sie auf das alte Ich-habe-keine-Schuld-Programm zurück und versucht, die fehlende Sicherheit auf diesem Wege zu erreichen. Das heißt: Nur Menschen, die so stark in ihrer Person sind, dass sie bereit sind, eigene Schwächen zu akzeptieren, sind auch offen für das Konzept der Ich-Anteile. Alle anderen brauchen hier erst einen kleinen Anstoß.

Die eigene Schwäche annehmen

Bei manchen kommt Widerstand auf, weil sie den kleinen Anteil als Ausdruck von Schwäche sehen. Sie haben vermutlich unangenehme Erfahrungen damit gemacht, ausgegrenzt oder zurückgewiesen zu werden, weil sie nicht gut genug waren oder Fehler gemacht haben. In ihnen setzte sich das Gefühl fest, ihre Umgebung wolle nichts mit einem Schwächling zu tun haben. Also begannen sie, ein (äußeres) Lebenskonstrukt frei von eigenen Schwächen aufzubauen. Jeder von uns kennt solche Menschen, die scheinbar alles können, niemals um Hilfe bitten, anderen aber immer mit Rat und Tat zur Seite zu stehen. Damit so ein Mensch fähig wird, eigene Schwäche zuzulassen, muss er erst das Vertrauen entwickeln, auch als »fehlerhafter« Mensch akzeptiert zu werden.

Aus meiner Sicht ist die Erlaubnis, Fehler machen zu dürfen, sogar unerlässlich für jeden Lernprozess. Und in Anbetracht der Tatsache, dass kein Mensch ist wie der andere, kann es niemals die Aufgabe eines Menschen sein, alles zu beherrschen. Vielmehr besteht seine Aufgabe darin, die eigene Individualität zu entfalten, besondere Fähigkeiten ebenso zu erkennen und zu zeigen wie die eigenen Grenzen. Diese Worte allein reichen natürlich nicht aus, um einen Menschen plötzlich in die Lage zu versetzen, gegenüber der eigenen vermeintlichen Schwäche offen zu sein, diese wertschätzend anzunehmen und sich dann entsprechend sicher zu fühlen. Aber sie können eine erste Anregung sein, sich der Vielfalt der eigenen Person gegenüber zu öffnen und einen neuen Weg des Umgangs mit sich selbst einzuschlagen. Manch einer hat auch gar keine Ahnung, dass er mit sich selbst so streng ist, dass er möglicherweise irgendwann gelernt hat, sich keine Schwäche zuzugestehen. Und wer Probleme damit hat, sich seine vermeintlichen Schwächen zuzugestehen, hat in der Regel auch keine Ahnung von seinen Stärken - und erst recht nicht davon, welche Stärken sich in den vermeintlichen Schwächen verbergen. Genau an dieser

Stelle sollte der Therapeut ansetzen ...

Mitgefühl für den kleinen Anteil

Wenn es gelingt, das Mitgefühl des Erwachsenen für seinen kleinen Anteil zu wecken, ist das für den gesamten Prozess sehr hilfreich. Mein zentrales Instrument: Aufbau einer Szene, in welcher sich der Klient den eigenen kleinen Anteil als selbständige Person vorstellt, die gerade mit uns zusammen im gleichen Raum sitzt. Entsprechend rede ich über diese Person mit dem Klienten. Da hierbei die Gefahr besteht, dass sich der Klient bloßgestellt fühlt, sollte der Therapeut den Klienten schon etwas besser kennen, bevor er dieses Instrument einsetzt. Insofern ist es auch notwendig, die Reaktion des Klienten stets sehr sorgfältig zu beobachten und im Zweifel nachzufragen, ob noch alles okay ist. Reagiert der Klient nicht ablehnend, könnte z.B. folgender Dialog entstehen:

> »Wenn ich das alles so höre, dann entsteht vor meinem inneren Auge das Bild eines kleinen Jungen. Er ist etwa fünf Jahre alt. Da [ich zeige auf eine Ecke im Zimmer] sitzt er, wieder mal allein gelassen, wieder mal ohne Zuwendung und Begleitung. Er ist traurig, vielleicht auch zornig. Aber er hat schon gelernt, dass es sinnlos ist, zornig zu sein; auch die Tränen sind bereits versiegt. Immer wieder hat er mitbekommen, dass er stört, dass es zu viel ist, was er gerade will. ›Ich störe, ich bin falsch, ich müsste anders sein, als ich bin‹, denkt er. Noch hat er nicht entdeckt, wie er die Aufmerksamkeit der Mutter auf sich lenken kann, dass er ihr helfen, fleißig und brav sein muss. Im Moment fühlt er sich völlig hilflos. Doch dann erkennt er: ›Wenn's an mir liegt, muss ich an mir etwas ändern.‹ Mit dieser inneren Überzeugung gelingt es ihm in den nächsten Tagen und Wochen, durch genaues Beobachten seiner Umgebung herauszufinden, dass seine Mutter freundlich reagiert, wenn er etwas von dem tut, was ihr wichtig ist. Er lernt, sich anzupassen, bleibt aber davon überzeugt, er sei ›falsch‹.«

DEN KLEINEN ANTEIL ANERKENNEN

Mein Ziel als Therapeut: den Klienten für die Situation des Kindes, das er selbst einst war, zu sensibilisieren. Ich hoffe, eine Situation zu beschreiben, die ihm bekannt vorkommt, die er mit eigenen Erfahrungen verknüpfen kann. Denn dann wird er sich dem Kind nicht mehr entziehen können. In ihm bewegen sich nun Gefühle, die etwas mit der eigenen Lebenserfahrung zu tun haben. Mitgefühl stellt sich ein. Fragt man den Klienten in einem solchen Moment, was dieses Kind seiner Einschätzung nach dringend bräuchte, was er selbst diesem Kind gerne geben würde, kommt auch meist prompt eine Antwort, z.B.:

> »Es braucht Zuwendung, es sehnt sich danach, dass sich jemand mal um es kümmert. Dass jemand da ist.«

Andere Klienten stehen völlig sprachlos davor, haben keine Worte für das, was sie empfinden. Kommt auf meine Anregung, in die Situation hineinzugehen, sie zu beschreiben und auszuschmücken, keinerlei Reaktion, fange ich selber an, mir auszudenken, was dieses Kind brauchen könnte und spreche es aus:

> »Ich stelle mir vor, dass jemand dazukommt. Ein freundlicher Mensch. Er nähert sich vorsichtig, setzt sich vielleicht in die Nähe und lässt erst mal Ruhe entstehen. Sagt dann: ›Ich bin Derundder, bist du der ... (Vorname des Klienten)? Ist es in Ordnung für dich, wenn ich hier noch einen Moment sitzen bleibe?‹ Der Junge brummt ein zustimmendes ›Hmm‹. Natürlich ist er misstrauisch. Denn der andere ist schließlich ein Erwachsener. Und die sind seiner Erfahrung nach nicht an ihm interessiert. Aber der Große, der jetzt bei ihm ist, scheint anders zu sein. Er hat viel Zeit für den Kleinen mitgebracht. ›Sitzt du öfter hier?‹ ›Hm.‹ ›Was ist gut an diesem Platz für dich?‹ [die erste Frage, die nicht mit ›Hm‹ beantwortet werden kann] Vielleicht antwortet der Junge mit: ’Hier findet mich keiner.’

Ich setze in dieser Ansprache nicht meinen Namen ein, damit

der Klient sich vorstellen kann, entweder selber diese Person zu sein oder einen anderen positiven Menschen darin zu sehen. An dieser Stelle würde ich vermeiden, tiefer in die Problemsituation einzusteigen, denn vorrangiges Ziel ist in diesem Moment, dem erwachsenen Klienten einen Zugang zu dem Kind zu vermitteln sowie eine Situation zu entwerfen, in der es dem Kind möglich ist, Vertrauen zu dem Erwachsenen zu bekommen.

> «Der Große ist ganz achtsam in seinem Verhalten gegenüber dem Kind. Er wird den Kleinen nicht bedrängen. Er möchte ihm vermitteln, dass dieser so sein darf, wie er ist. Der Kleine muss nichts rechtfertigen.»

Im Laufe des Erzählens ist es möglich, dass der Klient berührt reagiert. Vielleicht tut ihm der Kleine leid und er möchte etwas für ihn tun. Dann sollte der Therapeut ihn ermutigen und unterstützen. Denn der Klient hat intuitiv die Rolle eines großen Anteils übernommen. Und kaum jemand ist besser geeignet, den Kleinen an die Hand zu nehmen und zu befrieden, als eben dieser Anteil des Klienten.

Häufiger jedoch passiert es, dass der Klient sich an seine Vergangenheit erinnert und für einen Moment in das alte Erleben hineingezogen wird. Er wird also selbst zu diesem Kleinen. Dann gibt es zwei Möglichkeiten:

1. Er rutscht in das erlebte Leid und fühlt sich, als wäre er in der damaligen Situation, also verlassen, verzweifelt, allein, oder Ähnliches. Jetzt nimmt er nur den Schmerz des Damals wahr.

2. Er rutscht zwar in das alte Leid hinein, nimmt aber schon wahr, dass jetzt jemand für ihn da ist und das Leiden zu Ende geht.

Um genau zu erfahren, was in dem Klienten vor sich geht, sollte man ihn fragen, was ihn gerade berührt. Dann kann man entsprechend in die belastenden oder erleichternden Gefühle hinein vertiefen. Auch in diesem Gespräch sollte der Therapeut die gleiche,

DEN KLEINEN ANTEIL ANERKENNEN

also nicht drängende Grundhaltung bewahren wie der Große in der phantasierten Situation. Er sollte vor allem einfach da sein und den anderen liebevoll begleiten. Hat er den noch von dem alten Leid betroffenen Kleinen vor sich (1.), dann sollte der Therapeut für diesen Kleinen ruhig eine Führung anbieten, ihn also in seinem Leiden annehmen, aber auch deutlich machen, dass jetzt jemand da ist und dass das alte Leid jetzt ein Ende findet. Der Therapeut spricht nun aber nicht mehr mit dem kleinen Jungen der Phantasiesituation, sondern – auf die gleiche rücksichtsvolle Weise - mit dem Klienten, der gerade von dem kleinen Anteil bewegt ist.

Wenn ich erzählend Bezug zu dem kleinen Anteil herstelle, erzähle ich nie dieselbe Geschichte. Vielmehr versuche ich, mein Wissen über den Klienten einfließen zu lassen und Begriffe, die der Klient verwendet hat, einzusetzen. Hierbei hilft mir der Zettel mit den Notizen von der ersten Therapiesitzung. Der Klient soll sein Herz für diesen kleinen Anteil öffnen, indem er Mitgefühl oder zumindest Verständnis für den Kleinen entwickelt. Denn dieser emotionale Bezug zu den Sorgen und Nöten des eigenen kleinen Anteils ist der wirksamste Hebel für eine Veränderung im Umgang der Ich-Anteile miteinander. Das Gleiche gilt übrigens auch für den Umgang mit den kleinen Anteilen des Partners. Auch hier ist ein emotional offener und annehmender Bezug die beste Basis für ein gutes Miteinander.

Dies ist übrigens ein ideales Anwendungsfeld für Hypnose. Ich verwende sie sehr oft, wenn ich einem Klienten den Zugang zu einem kleinen Anteil erleichtern möchte.

Wenn zwei kleine Anteile beteiligt sind

I. *Fallbeispiel*

Bei einem heute 30-Jährigen bildete sich ein erster kleiner Anteil im Alter von drei bis vier Jahren heraus: Aufgrund mangelnder Aufmerksamkeit im Elternhaus hatte er gelernt, eigene Interessen zurückzustellen, und durch grenzenlose Anpassung und Regelhörigkeit nach Aufmerksamkeit gesucht. Damit war er zwar teilweise erfolgreich, aber diese Strategie war nicht nur mit einem hohen Grad an Selbstaufgabe verbunden, sondern auch immer wieder von Enttäuschungen begleitet. Als dieser Ich-Anteil einige Jahre später nur noch grenzenlose Anstrengung kostete, ohne wirklich zum Erfolg zu führen, bildete sich im Alter von etwa acht Jahren ein zweiter kleiner Anteil. Dieser nahm genau wahr, wie die Umgebung des »Kleineren« auf dessen Bemühungen reagierte. Spürte er Anzeichen einer negativen Reaktion (Abweisung, Desinteresse, fehlende Aufmerksamkeit …), blies er sofort zum Rückzug: Jede zuvor von dem »kleineren« Ich-Anteil aufgebaute zwischenmenschliche Verbindung wurde rigoros gekappt. Hier passt also ein etwas »Größerer« auf, dass der »Kleinere« nicht zu viel in eine offenbar fruchtlose Situation investiert und enttäuscht wird. Problematisch wurde dieses Verhalten insofern, als schon der geringste Hinweis auf scheinbares Desinteresse seiner Mitmenschen genügte, um Trennungen im privaten wie beruflichen Kontext auszulösen. Eine Partnerin »schleifte« ihn schließlich mit in die Paartherapie, weil sie die plötzliche Trennung seinerseits nicht hinnehmen wollte.

In der Paartherapie wurde klar, dass er tatsächlich *eine einzige*

Äußerung von ihr als Desinteresse interpretiert und sich deshalb zurückgezogen hatte. Als er verstand, dass es sich um ein Missverständnis handelte, ließ er sich wieder auf die Beziehung ein. Allerdings musste er nun lernen, seinen extrem misstrauischen Ich-Anteil »an die Hand zu nehmen«. Das Paar errichtete ein System, um immer wieder in den Dialog zu gehen – auch wenn er mal wieder die Trennung ausgesprochen hatte. Zudem wurde schriftlich festgehalten, dass die Trennungsaktivitäten des misstrauischen kleinen Anteils als Aspekt der Beziehung dazu gehören.

II. Fallbeispiel

Einen ganz ähnlichen Fall habe ich bei einer Klientin kennengelernt, die nach einer Trennung zu mir kam. In ähnlichen Altersstufen (4 und 8 Jahre) agierte bei ihr ein kleiner Anteil mit Anpassung, während der etwas »größere« mit einer speziellen Form des Rückzugs arbeitete: Hatte sie das Gefühl, dass sich jemand emotional von ihr zurückzog, reagierte die Frau mit einer inneren Schwerpunktverlagerung in den »Kopf«. Jegliches Gefühlserleben wurde zugunsten von rationalem Denken unterbrochen. Nahe Mitmenschen erlebten das daraus resultierende Verhalten als Bruch, als emotionale Kälte und Härte. Das war ihr selber nicht bewusst. Denn sie sah sich ja nicht als Agierende, sondern hatte vielmehr das Gefühl, von dem anderen (wieder mal) verlassen worden zu sein und nun allein mit allem fertig werden zu müssen. Die Kälte und Härte schrieb sie der Umgebung zu. Aus ihrer Sicht folgerichtig stoppte sie alle Bezüge, zog sich auf eine funktionale Ebene zurück und erfüllte in großer Konzentration alle anstehenden Aufgaben. Ihr letzter Partner hatte dies als sehr verletzend empfunden. Schließlich trennte er sich, weil er sich ihrer immer wieder auftretenden Gefühlskälte ausgeliefert sah.

In einer Paartherapie hätte man sicher auch darüber reden können, welche Verantwortung er an dieser problematischen Situation hat und welche Möglichkeiten es für ihn gibt, nicht Auslöser zu sein. Nach der Trennung bestand diese Option nicht mehr. Meine Klientin lernte jedoch relativ schnell, wie ihr Schutzmechanismus funktioniert und wie sie ihn beeinflussen kann. Als sie schließlich eine neue Beziehung begann, lernte sie, auch schwierige Momente ohne emotionale Kälte durchzustehen.

IV. *Fall*

Bei der Klientin hatte sich aufgrund des extrem harten, gefühlskalten Verhaltens ihrer überforderten Mutter schon in früher Kindheit eine vollkommen angepasst funktionierende Seite entwickelt. Bei der erwachsenen Frau trat diese Seite immer dann in den Vordergrund, wenn die Sehnsucht nach Wärme und Zuwendung, meist nach anstrengenden Arbeitstagen, besonders stark wurde: Gemäß ihrer Programmierung, wonach es für Anpassung und Funktionieren möglicherweise etwas Zuwendung gibt, stieg sie nach der Arbeit intensiv in die Hausarbeit ein. Sie fing an, zu kochen, zu putzen und aufzuräumen, statt sich, wie es für sie stimmig gewesen wäre, auszuruhen und sich einfach mal bedienen zu lassen.

Den einzigen Ausweg aus diesem Teufelskreis bot ein Erfahrungsmuster aus einer späteren Zeit ihrer Kindheit. Damals hatte sie erfahren, dass sie ihre Aufgaben vernachlässigen durfte, wenn sie krank war, und dennoch Zuwendung bekam – diesmal vom Vater. So bildete sich ein 12-jähriger Ich-Anteil, der auf Überforderung, Verlassenheit und Erschöpfung mit Krankheit und Schmerz reagiert. Dieses Verhaltens- und Schutzmuster wurde nun auch im erwachsenen Leben immer wieder herangezogen.

War die Sehnsucht nach emotionaler Zuwendung groß, arbeitete die Klientin so lange – auf der Arbeit und zu Hause -, bis sie krank wurde. Nun war es aber nicht mehr der Vater, der verständnisvoll reagierte, sondern der Lebenspartner, Ärzte und Therapeuten.

Vorteile einer Paartherapie mit dem Ich-Anteile-Modell

Weiter oben hatte ich bereits auf die entlastende Wirkung des Teile-Modells für viele Paare hingewiesen. Weil damit die Probleme lediglich zu Teilaspekten der Gemeinsamkeit werden und man nicht alles in Frage stellen muss. So können die positiven Erfahrungen von den negativen getrennt und als Ressource erhalten bleiben. Sie bieten Sicherheit und Halt.

Auch die Erkenntnis, dass beide Partner in der Kindheit mit einer ähnlichen oder identischen Not umgehen mussten, ist für viele Partner erstaunlich und meist erleichternd. Da ist mehr Nähe und Gemeinsamkeit als sie ahnten. Beide haben kleine Ich-Anteile mit ähnlichen Aufgaben und auch ihre Lebensthemen gleichen sich.

Ohne Teile-Modell hat man nur ein einziges Ich als Verhandlungspartner. Dieses muss daher auch die Verantwortung für alle auftretenden Probleme und Schwächen übernehmen. Dies entspricht der Erwartungshaltung mit der die meisten Klienten in die Paartherapie kommen. Allerdings sehen sie die Schuld eindeutig beim jeweils anderen und zeigen sich eher widerspenstig, sobald die *eigene* Beteiligung an den Problemen zur Sprache kommen soll. Gerne weisen sie (wir wissen inzwischen, dass hier ein kleiner Anteil spricht) erst einmal jegliche Schuld vor sich. Erst wenn es dem Paartherapeuten zufällig gelingt, ein »erwachsenes« Ich anzusprechen, wird der Klient kooperieren und vielleicht auch eine eigene Beteiligung zugestehen.

In der Arbeit mit den Ich-Anteilen hingegen verstummen die gegenseitigen Vorwürfe sehr schnell, sobald die Klienten deren Existenz akzeptieren. Beide Partner sind dann mehr mit den eigenen Problemen und Aufgaben beschäftigt als mit den Schwächen des anderen.

PAARTHERAPIE MIT ICH-ANTEILEN

In allen Paartherapien werden Probleme beredet und adäquate Lösungen gesucht. Therapeut und Klienten erarbeiten gemeinsam, wie zukünftig mit den Problemen umgegangen werden soll und wie sie zu vermeiden sind. Gelingt es den Partnern, miteinander vernünftig und mit der erforderlichen Distanz über ihre Probleme zu sprechen, sind vermutlich die erwachsenen Anteile der Klienten in der inneren Führungsposition. Diese werden die erarbeiteten Aufgaben gerne annehmen und versuchen, diese später umzusetzen. Tritt das Problem im Paar-Alltag erneut auf, wird es jedoch durch kleine Anteile verursacht. Die erwachsenen Anteile können in diesem Moment nichts ausrichten.

Sollte allerdings auch in der Therapiesitzung ein kleiner Anteil führen, kann dieser mit den erarbeiteten Vorschlägen nichts anfangen. Im schlimmsten Fall fühlt er sich nicht gehört und boykottiert die Arbeit. Ein sensibler Therapeut wird, auch ohne ein Ich-Anteile-Modell im Hinterkopf, vermutlich beginnen, diesen kleinen Teil mit dem zu versorgen, was er gerade braucht, oder ihn intuitiv aus seiner Dominanz herauslösen.

Was dann allerdings weiterhin fehlt, ist der Kontakt zwischen dem erwachsenen und dem kleinen Anteil. Auch in anderen Paartherapien hören Klienten, dass sie sich mehr um sich selbst kümmern sollen. In dieser Aufforderung versteckt sich zwar auch ein Teile-Modell: Eine Person kümmert sich und eine weitere wird bekümmert… allerdings wird hier nicht deutlich, dass es da einen (kleinen) Teil gibt, der ganz spezielle Bedürfnisse hat, z.B. nach Sicherheit, nach Nähe, nach Aufmerksamkeit. Und dass er dies in der Weise braucht, wie es ein Kind braucht. In der Aufforderung an eine erwachsene Person, sich um sich selbst zu kümmern oder für sich zu sorgen, kommt die besondere Aufgabenstellung nicht vor, das heißt, die Klienten bekommen kein hinreichendes Werkzeug in die Hand, um mit ihren eigenen kleinen Anteilen »erwachsen« umzugehen und sie entsprechend zu bekümmern. Hier liefert das Ich-Anteile-Modell dagegen ein weites Spektrum an Möglichkeiten.

Schauen wir noch einmal auf das Eingangsbeispiel mit der Klientin, die übereifrig die Hausarbeit verrichtet, um Anerkennung zu bekommen. Viele Therapeuten würden ihr vermutlich sagen, sie müsse ihre Grenzen beachten: »Machen Sie weniger, sorgen Sie auch dafür, dass Sie mal Ruhe haben und Abwechslung bekommen, so dass es Ihnen gut geht.« Vielleicht unterstützt der Therapeut sie auch in ihrer Kritik am Partner, der offenbar zu wenig zu den gemeinsamen Pflichten beiträgt: »Fordern Sie ihn mehr, verlangen Sie seine Leistung, akzeptieren Sie keine Ausreden.« Grundsätzlich sind diese Ratschläge auch nicht falsch, und wenn die Klientin sie umsetzen könnte, würde sich auch etwas verändern. Meine Erfahrung zeigt aber, dass diese Frau immer wieder in ähnliche Situationen geraten wird, dass sie erneut über ihre Grenzen gehen und viel zu viel im Haushalt und für andere tun wird. Weil das Kernproblem noch gar nicht im Fokus war. Sie weiß noch nicht, dass ihr nach wie vor die geeigneten Mittel fehlen, um Anerkennung zu bekommen. Vielleicht ist ihr nicht einmal klar, dass sie auf der Suche nach Anerkennung ist. Der Therapeut hat an den erwachsenen Verstand der Klientin appelliert, gehofft, dass ihr dieser Appell die Stärke gibt, sich als eine Person zu präsentieren, die sie (noch) gar nicht ist. Sie sucht noch immer die für sie notwendige Anerkennung, um auch eigene Grenzen akzeptieren zu können. In der Paartherapie mit Ich-Anteilen hingegen kommt das Hauptproblem sehr schnell auf den Tisch. Rasch wird klar, dass hier eine Frau nach Anerkennung sucht, aber nur über eingeschränkte Mittel verfügt, um diese zu bekommen. Will sie ihr Ziel erreichen, müssen also ihre Möglichkeiten ausgebaut werden. Parallel zu dieser Erkenntnis wird deutlich, dass der Partner kein störender Faktor in diesem Geschehen ist, sondern jemand, der auf derselben Suche ist wie die Klientin und somit wunderbar geeignet ist für eine Kooperation und eine gemeinsame Suche.

Wer mit dem Ich-Anteile-Modell arbeitet, läuft viel weniger Gefahr, sich in Details oder Schuldzuweisungen zu verlieren. Denn jedes Detail wird daraufhin untersucht, ob und was es über die dahinterstehende Not aussagt. Sobald diese Not erkennbar ist, wird der Fokus entsprechend ausgerichtet: Gemeinsam mit dem Partner werden Wege erarbeitet, wie sich diese Not mildern lässt. Auch im Hinblick auf Schuldzuweisungen ist der Therapeut, der das Ich-Anteile-Modell heranzieht, weniger gefährdet, Partei für eine Seite zu ergreifen, weil er auch die dazugehörigen Aktivitäten des Partners ausfindig machen wird ...

Ich bin überzeugt, dass Paartherapie dank des Ich-Anteile-Modells an manchen Punkten leichter wird. Anders ausgedrückt: Man kommt mit dieser Methode viel schneller »auf den Punkt«; und die Paare erhalten einen Zugang zu ihrer gemeinsamen Problematik, was sie in die Lage versetzt, vieles selbständig zu regulieren.

PAARE IN KRISEN

Hinter diesem Buch steht kein Verlag mit entsprechender Werbemaschine. Um an neue Leser zu kommen, bin ich als Autor wesentlich auf die Kommentare und Bewertungen derjenigen Leser angewiesen, die das Buch schon kennen. Gute Bewertungen und entsprechende Kommentare auf den bekannten Webseiten sind für andere Leser ein Hinweis, dass es sich lohnt, dieses Buch zu kaufen. Wenn Ihnen also der Text gefällt und Sie meine Arbeit unterstützen möchten, schreiben Sie bitte einen Kommentar, zum Beispiel bei Amazon, Buch.de oder Ihrer anderen Lieblings-Buch-Webseite. Wenn Ihnen aber etwas nicht gefällt, schreiben Sie es bitte mir. Dann kann ich Ihre Gedanken bei der Überarbeitung des Buches nutzen. Wenn es mir möglich ist, beantworte ich auch gerne Ihre Fragen. Über die Autorenseite bei Amazon können Sie direkt mit mir und anderen Lesern in Kontakt treten oder schreiben Sie mir einfach eine E-Mail.

Web- und Mailadressen des Verfassers:

www.reinhardt-kraetzig.de

www.ihr-coach.com

www.psychotherapie-birkenwerder.de

E-Mail: r.kraetzig@online.de

Abbildungsverzeichnis

Abbildung 1, Ich-Anteile entstehen 40

Abbildung 2: Drei Begleiter 43

Abbildung 3: Unterschiedliche Regeln 83

Abbildung 4: Komplexes Miteinander 87

Abbildung 5: Gegenseitige Erwartungen 88

Verweise

Berne, E. (1995). Spiele der Erwachsenen. Reinbek: Rowohlt.

Frederick, C. (2007). Ausgewählte Themen zur Ego-State-Therapie. In: Hypnose – Zeitschrift für Hypnose und Hypnotherapie, Band 2 (1+2) Ego State Therapie, Seite 19.

Krätzig, R. (1998). Leibliche Gegenübertragung, Aspekte leiblicher Kommunikation. www.psychotherapie-birkenwerder.de/fachinfo/gegenueb-z.htm (abgerufen am 25.08.2016).

Moeller, M., L. (1997). Die Wahrheit beginnt zu zweit. Rowohlt Taschenbuch, 29. Auflage.

Peichl, J. (2012). Hypno-analytische Teilearbeit. Ego-State-Therapie mit inneren Selbstanteilen. Stuttgart: Klett-Cotta Verlag.

Schmitz, H. (2007). Der Leib, der Raum und die Gefühle«, Bielefeld: Aisthesis Verlag.

Weitere Bücher des Verfassers

ABNEHMEN -

MIT DEM SCHLÜSSEL
ZUR PSYCHE

2016, 240 Seiten

Druckversion: 14,50

E-Book: 7,99 Euro

Mehr als 90 Prozent aller Versuche abzunehmen scheitern, daran haben unbewusste psychische Prozesse einen wesentlichen Anteil. In diesem Buch erfahren Sie, wie das vor sich geht. Und vor allem lernen Sie, was Sie dagegen tun können.

Das Problem ist, dass die Psyche die überzähligen Kilos zur Regulation der seelischen Befindlichkeit nutzt und deswegen die Diäten vereitelt. Mit dem »Schlüssel zur Psyche« bekommen Sie ein Werkzeug in die Hand, mit dem Sie diesen unbewussten Vorgängen den Boden entziehen. Das Prinzip ist einfach: Sie bringen das in Ihr Leben, was Ihre Psyche seit Langem vermisst. Dieses Fehlende ist selten bekannt und unterscheidet sich bei jedem. Für den eigenen »Schlüssel« ist daher ein Blick auf sich selbst erforderlich. Bei Ihrer Suche werden Sie schrittweise angeleitet, und diverse Beispiele erleichtern Ihnen den Weg.

Fangen Sie ein paar Wochen vor der nächsten Diät mit diesem Buch an. So haben Sie die Chance, tatsächlich etwas zu bewirken und sich Ihrem Wunschgewicht zu nähern.

Im Anhang gibt Ihnen das Buch zusätzlich Einblicke in die Hintergründe der störenden psychischen Prozesse.

***

Liebe in der Psychotherapie:
Potential. Problem. Perspektive.

2015, 190 Seiten

Druckversion: 11,99

E-Book: 6,99 Euro

Es geht um die Liebe, die nicht selten zwischen Behandler und Patient entsteht, sei es in der Psychotherapie, beim Arzt oder in der Physiotherapie. Oft ist sie einseitig, manchmal ergreift sie beide Personen. Der Autor macht klar, dass eine Liebe innerhalb einer Therapie etwas anderes ist als eine Liebe außerhalb. Sie kann zu einem positiven und stärkenden Faktor werden, wenn sie als Teil der Behandlung verstanden wird und der Rahmen des Settings nicht verletzt wird. Ansonsten wird sie zum Hindernis und vielleicht sogar zur Ursache von sexuellem Missbrauch. Der Autor betrachtet vorrangig die Psychotherapie, aber vieles ist auch auf andere Bereiche übertragbar. Das Buch ist eine Hilfe für Behandler die sich in dem schwierigen Gelände orientieren wollen. Auch betroffene Patienten finden Unterstützung und Rat.

Der Autor vermittelt einen Zugang zum Thema, schaut auf die Hintergründe für das Entstehen von intensiver Zuneigung und zeigt mit vielen Beispielen, wie mit den verschiedenen Spielformen von Liebe umgegangen werden kann. Vorrangig wird die Psychotherapie betrachtet, aber viele Erkenntnisse sind auch auf andere Therapiefelder übertragbar.

Weitere Aufsätze finden Sie auf den nächsten Seiten. Diese sind im Internet veröffentlicht und kostenfrei zugänglich, hier ist der Link:

http://www.reinhardt-kraetzig.de/books.html

VERWEISE

Jahr	Titel
2007	**Eine kritische Stellungnahme zu »The Secret« und anderen Wünsch-Dir-Was-Büchern** Aus psychotherapeutischer Sicht fällt hier die fehlende Berücksichtigung des Unbewussten auf. (als *.pdf Datei, ca. 8 Seiten)
2005	**Herzensbegegnung in der Psychotherapie** Vom Umgang mit intensiven Gefühlen in der Begegnung von Patient und Therapeut - therapeutische Liebe. Dies war mein erster Aufsatz zu diesem Thema. Das vorliegende Buch ist eine Überarbeitung der damaligen Ausführungen. (als *.pdf Datei, ca. 41 Seiten,)
2002	**Positiv-Ansatz oder Momente vollkommenen Wohlgefühls** Eine ressourcenorientierte psychotherapeutische Technik. Ein gutes Gefühl aushalten? Kann ich, werden die meisten sagen und sich irren. Dieser Aufsatz zeigt, mit welchen inneren Widerständen man dabei zu tun hat. (als *.pdf Datei, ca. 10 Seiten)

Jahr	Titel
2002	**Leibliche Gegenübertragungsreaktionen in der psychotherapeutischen Arbeit mit EMDR** Es geht um das, was der Therapeut in sich selbst als Reaktion auf das Geschehen in seinem Gegenüber wahrnehmen kann – hier speziell auf die Arbeit mit der traumatherapeutischen Methode EMDR angewendet. Wendet sich an interessierte Fachleute. (als *.pdf Datei, ca.13 Seiten)
1998 Leibliche Gegenübertragung Aspekte leiblicher Kommunikation Reinhardt Krätzig	**Leibliche Gegenübertragung, Aspekte leiblicher Kommunikation** Einem Beobachter ist über den Blick auf eigene leibliche Vorgänge ein differenzierter Zugang zu körperlichen und damit auch zu emotionalen und geistigen Vorgängen im Anderen möglich. Leibliche Gegenübertragung kommt manchem magisch vor oder wird als spirituelle Spinnerei abgetan. Tatsächlich zeigt sich hier, was unsere Spiegelneuronen leisten. Als ich das schrieb, waren diese aber noch nicht bekannt. Wendet sich an interessierte Fachleute. (als *.pdf Datei, ca. 24 Seiten)